ステップアップ 地方自治法の解説

加藤敏博
齋藤陽夫
【共著】

Step Up

公職研

❖はじめに❖

　この本は、昇任試験の勉強をする皆さんが、地方自治法を中心とする地方自治制度について、必要な知識を確実かつ効率的に理解し、習得することができることを目的に作成したものです。
　この本の特徴は、次の点です。
・**項目**　出題される可能性がある分野を網羅的に勉強することができるように、地方自治制度に関するほぼ全ての分野から項目をピックアップしています。ただし、項目によって重要度が異なるため、過去の出題傾向等を踏まえて、重要度★～★★★を付すことにより、メリハリをつけて勉強をすることができるようにしています。
・**解説**　全ての項目をそれぞれ見開き（2頁）でコンパクトに整理して、解説しています。1つの項目を一覧することができるため、その項目全体の理解がしやすくなるとともに、時間を区切って効率的、計画的に勉強するのに役立ちます。
　また、各項目のなかで、[基本]と[発展]の2段階に分類した問いを設け、問いに答える形で解説をしています。勉強の進度に応じて、そのいずれかに重点をおいて勉強することができ、また、記述問題にも対応することができるようにしています。
・**確認問題**　各章の末尾に、項目ごとの○×式の確認問題を設けています。確認問題を解き、それぞれの項目で勉強した知識を確認し、復習することで、知識の定着を図ることができるようにしています。

　なお、**平成26年改正法**（地方自治法の一部を改正する法律）による改正を踏まえた内容としました。
　この本を勉強することで、皆さんが目標を達せられることを願っています。

加藤　敏博
齋藤　陽夫

ステップアップ地方自治法の解説●目次

第1章 地方自治の意義・法体系
- [1] 地方自治の意義・本旨…………………………………………12
- [2] 地方自治の法体系………………………………………………14
- 確認問題……………………………………………………………16

第2章 地方公共団体の種類・地方公共団体の区域
- [3] 地方公共団体の意義と種類……………………………………20
- [4] 都道府県・市町村………………………………………………22
- [5] 特別地方公共団体………………………………………………24
- [6] 普通地方公共団体の区域1……………………………………26
- [7] 普通地方公共団体の区域2……………………………………28
- 確認問題……………………………………………………………30

第3章 住民・住民自治のための制度
- [8] 住民1……………………………………………………………36
- [9] 住民2……………………………………………………………38
- [10] 直接請求1………………………………………………………40
- [11] 直接請求2………………………………………………………42
- [12] 直接請求3………………………………………………………44
- [13] 直接請求4………………………………………………………46
- 確認問題……………………………………………………………48

第4章 普通地方公共団体の事務
- [14] 普通地方公共団体の権能及び事務1…………………………54
- [15] 普通地方公共団体の権能及び事務2…………………………56
- [16] 自治事務・法定受託事務1……………………………………58

- [17] 自治事務・法定受託事務 2 …………………………………… 60
- 確認問題 …………………………………………………………… 62

第5章　条例・規則

- [18] 条例の意義・条例制定権の範囲 ……………………………… 68
- [19] 条例と憲法の関係 ……………………………………………… 70
- [20] 条例と法律の関係 ……………………………………………… 72
- [21] 規則の意義・規則制定権の範囲 ……………………………… 74
- [22] 条例・規則の公布及び施行／罰則 …………………………… 76
- 確認問題 …………………………………………………………… 78

第6章　議会

- [23] 議会の意義・権限 ……………………………………………… 84
- [24] 議会の権限の種類と内容 ……………………………………… 86
- [25] 議会の議決権 …………………………………………………… 88
- [26] 議会の調査権 1 ………………………………………………… 90
- [27] 議会の調査権 2 ………………………………………………… 92
- [28] 政務活動費 ……………………………………………………… 94
- [29] 会議の招集・会期 1 …………………………………………… 96
- [30] 会議の招集・会期 2 …………………………………………… 98
- [31] 議長・副議長 ………………………………………………… 100
- [32] 会議の運営 …………………………………………………… 102
- [33] 議案の審議 …………………………………………………… 104
- [34] 議案の表決 …………………………………………………… 106
- [35] 委員会 ………………………………………………………… 108
- [36] 議員 1 ………………………………………………………… 110

[37]	議員2	112
[38]	紀律・懲罰	114
確認問題		116

第7章 執行機関

[39]	執行機関の意義等	132
[40]	普通地方公共団体の長の地位と権限	134
[41]	普通地方公共団体の長の身分	136
[42]	普通地方公共団体の長の職務の代理・委任	138
[43]	長の補助機関・事務部局	140
[44]	副知事・副市町村長	142
[45]	会計管理者・その他の職員	144
[46]	普通地方公共団体の長と議会との関係	146
[47]	再議1	148
[48]	再議2	150
[49]	不信任の議決と議会の解散	152
[50]	専決処分	154
[51]	委員会及び委員1	156
[52]	委員会及び委員2	158
[53]	委員会及び委員3	160
[54]	監査委員1	162
[55]	監査委員2	164
[56]	監査委員3	166
[57]	外部監査	168
[58]	地域自治区	170
確認問題		172

第8章　給付・財務・公の施設

- [59] 給与・その他の給付 1 …………………………………… 190
- [60] 給与・その他の給付 2 …………………………………… 192
- [61] 会計年度・会計の区分 1 ………………………………… 194
- [62] 会計年度・会計の区分 2 ………………………………… 196
- [63] 予算 1 ……………………………………………………… 198
- [64] 予算 2 ……………………………………………………… 200
- [65] 予算 3 ……………………………………………………… 202
- [66] 収入 1 ……………………………………………………… 204
- [67] 収入 2 ……………………………………………………… 206
- [68] 地方税・分担金・使用料・手数料 1 …………………… 208
- [69] 地方税・分担金・使用料・手数料 2 …………………… 210
- [70] 支出 1 ……………………………………………………… 212
- [71] 支出 2 ……………………………………………………… 214
- [72] 決算 ………………………………………………………… 216
- [73] 契約 1 ……………………………………………………… 218
- [74] 契約 2 ……………………………………………………… 220
- [75] 現金及び有価証券その他財務等 ………………………… 222
- [76] 金銭債権と消滅時効 ……………………………………… 224
- [77] 財産 1 ……………………………………………………… 226
- [78] 財産 2 ……………………………………………………… 228
- [79] 財産 3 ……………………………………………………… 230
- [80] 住民監査請求と住民訴訟 1 ……………………………… 232
- [81] 住民監査請求と住民訴訟 2 ……………………………… 234
- [82] 住民監査請求と住民訴訟 3 ……………………………… 236
- [83] 職員の賠償責任 …………………………………………… 238

- [84] 公の施設 1 ··240
- [85] 公の施設 2 ··242
- 確認問題 ···244

第9章　国・地方公共団体の関係

- [86] 国と普通地方公共団体との関係 1 ·······················262
- [87] 国と普通地方公共団体との関係 2 ·······················264
- [88] 国と普通地方公共団体との関係 3 ·······················266
- [89] 国と普通地方公共団体との関係 4 ·······················268
- [90] 国・普通地方公共団体の紛争処理 1 ····················270
- [91] 国・普通地方公共団体の紛争処理 2 ····················272
- [92] 国・普通地方公共団体の紛争処理 3 ····················274
- [93] 国・普通地方公共団体の紛争処理 4 ····················276
- [94] 普通地方公共団体相互の関係 1 ··························278
- [95] 普通地方公共団体相互の関係 2 ··························280
- [96] 普通地方公共団体相互の関係 3 ··························282
- 確認問題 ···284

第10章　地方公共団体の特例と特別地方公共団体

- [97] 地方公共団体の特例 1 ······································292
- [98] 地方公共団体の特例 2 ······································294
- [99] 特別区 1 ··296
- [100] 特別区 2 ··298
- [101] 地方公共団体の組合 1 ······································300
- [102] 地方公共団体の組合 2 ······································302
- [103] 財産区 ··304

[104] 合併特例区 …………………………………………………306
確認問題 ……………………………………………………308

本書で使用した法令等の略語は、次のとおりである。

一般社団・財団法人法	一般社団法人及び一般財団法人に関する法律
合併特例法	市町村の合併の特例に関する法律
議会解散特例法	地方公共団体の議会の解散に関する特例法
教員給与特措法	公立の義務教育諸学校等の教育職員の給与等に関する特別措置法
公選法	公職選挙法
施行令	地方自治法施行令
大都市地域特別区設置法	大都市地域における特別区の設置に関する法律
地教行法	地方教育行政の組織及び運営に関する法律
地公法	地方公務員法
地公企法	地方公営企業法
地公労法	地方公営企業等の労働関係に関する法律
地財法	地方財政法
地方独法法	地方独立行政法人法
農業委員会法	農業委員会等に関する法律
労基法	労働基準法

第1章 地方自治の意義・法体系

[1] 地方自治の意義・本旨

【基本】地方自治とは何か。憲法が地方自治を定めている趣旨は何か。

　地方自治は、国から独立して法人格を有する地方公共団体が、その構成員である住民によって、自主的にその団体の事務を処理することをいう。

　旧憲法においては地方自治に関する規定が設けられておらず、全て法律に委ねられていたのと異なり、憲法には「地方自治」の章（第8章）が設けられ、4条にわたって規定が設けられている。憲法は、国民の基本的人権の保障と国民主権を基本理念としていることから、地方自治の制度は、ⅰ中央集権的な国家体制を抑制して、権力の濫用による個人の権利の侵害を防ぐために重要な機能を果たすとともに、ⅱ民主主義の健全な維持・発展を保障するために、身近な問題を国民が自主的に解決する「民主主義の学校」として重要な機能を果たすものとして、位置付けられていることを意味する。

【基本】地方自治の本旨とは何か。

　憲法92条は、「地方公共団体の組織及び運営に関する事項は、地方自治の本旨に基づいて、法律でこれを定める。」と規定しており、地方公共団体の組織及び運営に関する事項を定める法律は、「地方自治の本旨」に基づかなければならない。

　「本旨」とは、本来の趣旨という意味であるから、「地方自治の本旨」は、地方自治の本来の趣旨ということになる。地方自治は、国から独立して法人格を有する地方公共団体が、その構成員である住民によって、自主的にその団体の事務を処理することをいうから、地方自治の本来の趣旨とは、次の2点である。

① 団体自治　地方公共団体において、国の干渉を受けることな

く、自主的に団体として意思決定が行われ、かつ、その意思決定に基づいて自主的に事務が処理されることをいう。
② 住民自治 地方公共団体において、その団体としての意思決定が住民の意思に基づいて行われることをいう。

【発展】国と地方自治との関係は、どのように位置付けられるのか。

憲法の下で、地方公共団体に自治権が与えられていることの根拠は何かについて、次の学説がある。
① 固有権説 地方公共団体が固有の権利として自治権を有するとする説で、自治権は、個人の基本的人権と同様の自然権的な権利としてとらえるものである。したがって、地方公共団体の権能を法律によって制限し、又は剥奪することは許されないことになる。
② 伝来説 自治権は、国の統治権に由来し、国の政策的な判断によって認められる権利であるとする説であり、地方公共団体は国の統治機構の一環として位置付けられるものとする。したがって、地方公共団体の権能は、国の立法政策によりどのようにも定めることができることになる。
③ 制度的保障説 地方公共団体に自治権が認められるのは、憲法が、地方自治を立憲民主制の維持にとって不可欠の制度であるとして保障したものとする説である。したがって、地方公共団体の組織・運営は、法律で定めるとはいえ、地方自治制度の本質を侵害することは許されないとする。

地方公共団体の存在もその自治権も憲法によって定められており、憲法により地方自治制度が保障されているとする制度的保障説が合理的であり、通説である。

[2] 地方自治の法体系

【基本】地方自治の制度は、どのような体系で構成されているのか。

憲法92条は、「地方公共団体の組織及び運営に関する事項は、…法律でこれを定める。」と規定しており、地方公共団体の組織及び運営については、憲法の地方自治に関する規定を頂点として、その委任により法律及び法律に基づく命令（政令、規則等）が定められている。さらに、これらの法律又は命令により地方公共団体の自主的な判断に委ねることが適当として条例又は規則に委任された事項については、これらにより定められる。

【基本】憲法には、地方自治についてどのような規定があるのか。

憲法の地方自治の章（第8章）には、次の規定が置かれている。
① 地方公共団体の組織及び運営に関する事項は、地方自治の本旨に基づいて、法律でこれを定める（憲法92条）。　地方公共団体の組織・運営に関する事項は、地方自治の基本原則に基づくこと（[1]参照）、及び法律により定めなければならないことを規定する。
② 地方公共団体には、法律の定めるところにより、その議事機関として議会を設置する。地方公共団体の長、その議会の議員及び法律の定めるその他の吏員は、その地方公共団体の住民が、直接これを選挙する（憲法93条）。　地方公共団体に議会と首長を置くとともに、それらが住民の直接選挙によって選任され又は構成されること（首長制）を規定する（[23]・[39]参照）。
③ 地方公共団体は、その財産を管理し、事務を処理し、及び行政を執行する権能を有し、法律の範囲内で条例を制定することができる（憲法94条）。　地方公共団体の権能が行政的権能及び立法的権能であること（[14]参照）、並びに立法的権能は、法律の範囲内に制限されること（[18]参照）を規定する。

④ 一の地方公共団体のみに適用される特別法は、法律の定めるところにより、その地方公共団体の住民の投票においてその過半数の同意を得なければ、国会は、これを制定することができない（憲法95条）。

【発展】地方自治に関する法律にはどのようなものがあるのか。

　地方自治に関する法律には、①地方自治の組織及び運営に関する事項を定める法律のほか、②地方公共団体における事務の管理及び執行に関する事項を定める法律がある。
① 　地方自治の組織及び運営に関する事項を定める法律　ⅰ地方公共団体の区分、地方公共団体の組織及び運営に関する事項の大綱等を定める基本法として、「地方自治法」があり、このほか、ⅱ長及び議会の議員の選出について定める「公職選挙法」、ⅲ行政委員会その他特定の行政分野を所掌する機関の組織及び運営について定める「地方教育行政の組織及び運営に関する法律」、「警察法」、「労働組合法」、「地方公営企業法」、「消防組織法」等、ⅳ財政運営について定める「地方財政法」、「地方税法」、「地方交付税法」等、ⅴ職員について定める「地方公務員法」、「教育公務員特例法」等がある。
② 　地方公共団体における事務の管理及び執行に関する事項を定める法律　非常に多数に及んでおり、ⅰ自治事務の管理執行について、それぞれの事務の関係法律において国としての全国を通じて確保すべき必要最小限の事項等が定められているほか、ⅱ法定受託事務の管理執行について、それぞれの事務の関係法律において必要な事項が規定されている。

[1] 地方自治の意義・本旨

1（　）地方自治については明治憲法に規定されており、現在の憲法は、基本的にこれを引き継いだものである。

2（　）地方自治の本旨は、憲法に明文の規定はないが、住民自治及び団体自治の2つをいう。

3（　）地方自治権は、国の統治権に由来し、政策的な判断により認められた権利であるとするのが通説である。

[2] 地方自治の法体系

1（　）地方公共団体の組織及び運営に関する事項は、法律に特別の定めがない限り、条例で定めることができる。

2（　）憲法は、地方公共団体の議会の議員は、住民が直接選挙すると規定するが、長の選挙については規定していない。

3（　）憲法は、1つの地方公共団体のみに適用される特別法は、住民投票で過半数の同意を得なければ制定することができないと規定している。

解説

[1]

Commentary

1 ×　明治憲法においては地方自治に関する規定は設けられておらず、現憲法は、その反省に基づくものである。
2 ○　記述のとおり。
3 ×　記述は、伝来説に立つものであり、通説の制度的保障説とは異なる。

[2]

Commentary

1 ×　憲法92条は、地方公共団体の組織及び運営に関する事項は、法律で定めると規定しており、条例で定めるには、法律による委任が必要である。
2 ×　地方公共団体の長についても、住民が直接選挙すると規定している。
3 ○　記述のとおり。

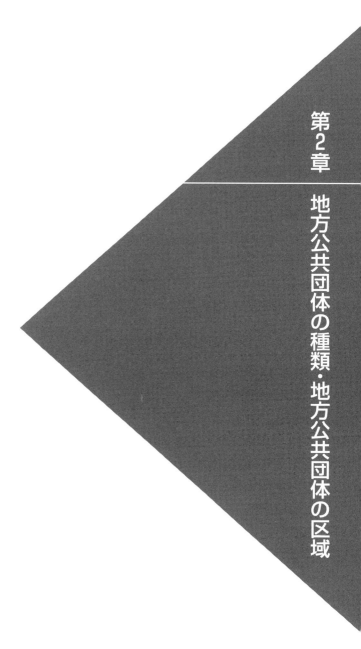

第2章 地方公共団体の種類・地方公共団体の区域

[3] 地方公共団体の意義と種類

【基本】地方公共団体とは何か。

地方公共団体は、次の要件を満たすものをいう。
1　形式的要件
① 国の一定の地域をその場所的な要素とすること（場所的・空間的要件）。
② その地域内に住所を有する全ての者を構成員とすること（人的要件）。
③ 憲法及び法律に基づいて、その地域内において、国から独立して公共の福祉実現のためにその地域の事務を処理する権限を有する法人であること（法制度的要件）。
2　実質的要件
憲法には地方公共団体の意義について特に規定されていない。この点、判例（昭38・3・27最大判）は、憲法が地方自治を保障する趣旨に鑑みれば、「単に法律で地方公共団体として取り扱われているということだけでは足らず、事実上住民が経済的文化的に密接な共同生活を営み、共同体意識をもっている社会的基盤が存在し、沿革的にみても、また現実の行政の上においても、相当程度の自主立法権、自主行政権、自主財政権等地方自治の基本的機能を附与された地域団体であることを必要とする」としている。

【基本】地方公共団体にはどのようなものがあるか。

地方自治法上の地方公共団体には、次の2種類がある。
1　普通地方公共団体
一般的、普遍的な地方公共団体であり、憲法上の地方公共団体である。普通地方公共団体には、市町村及び都道府県がある（1条の3第2項）。都道府県は、市町村を包括する（2条5項）。

重要度 ★★☆

2 特別地方公共団体

目的、組織、事務、権能等が普通地方公共団体とは異なる特別な性格を持つ地方公共団体であり、憲法上の地方公共団体ではないと解されている。特別地方公共団体には、特別区、地方公共団体の組合及び財産区がある（1条の3第3項）。このほかに、限時的な特例として、合併市町村が合併後の一定期間設ける合併特例地区も特別地方公共団体である（合併特例法27条）。

【発展】地方公共団体の名称はどのように決まるのか。

地方公共団体の名称は、従来の名称によるとされ（3条1項）、原則として地方自治法施行当時の名称が用いられている。

これに対し、ⅰ都道府県の名称の変更は、法律で定める（3条2項）。この法律は、1つの地方公共団体のみに適用される特別法（憲法95条）であり、住民投票が必要と解されている。ⅱ都道府県以外の地方公共団体の名称の変更は、㋐都道府県知事に協議した上で条例で定め、㋑変更後の名称及び変更の日を都道府県知事に報告し、㋒都道府県知事は、直ちにこれを総務大臣に通知し、㋓総務大臣は、これを告示するとともに、関係行政機関に通知する（3条3～7項）。ただし、ⅲ地方公共団体の組合及び合併特例区の名称の変更は、その規約で定める。

【発展】地方公共団体の事務所はどのように決まるのか。

地方公共団体の事務所の位置を定め又は変更するときは、条例で定めなければならない（4条1項）。この条例の制定又は改廃には、その地方公共団体の議会において出席議員の3分の2以上同意が必要である（4条3項）。事務所の位置は、住民の利用に最も便利であるように、交通の事情、他の官公署との関係等について適当な考慮を払わなければならない（4条2項）。

[4] 都道府県・市町村

【基本】市町村とは何か。都道府県とは何か。

1 市町村

その規模によって名称が異なるが、いずれも基礎的な地方公共団体であり、本質的な地方公共団体である。市町村は、都道府県が処理するものとされているものを除き、一般的に、普通地方公共団体の事務を処理する。

市、町及び村の権能、組織等は、地方自治法においては、若干の点を除き、原則として同じであるが、他の法令では、市と町村とでその処理する事務等が区別されているものがある。また、市に関しては、指定都市及び中核市の制度が設けられており、大都市としての特別の権能が与えられている。

2 都道府県

いずれも市町村を包括する広域的な地方公共団体である。都道府県は、普通地方公共団体の事務のうち、ⅰ広域にわたるもの、ⅱ市町村に関する連絡調整に関するもの及びⅲその規模又は性質において一般の市町村が処理することが適当でないと認められるものを処理する。

都は、特別区の存する区域においては、その連絡調整のほか、大都市区域の行政の一体性・統一性の確保のため、若干の特例がある。道は、支庁出張所を設けることができる、方面公安委員会及び方面本部が置かれる等の特例がある。これらの点を除き、都道府県の権能、組織等は、原則として同じであり、名称の違いは沿革的なものである。

3 都道府県と市町村

都道府県と市町村は、その処理する事務が異なるが、地方自治法においては、その権能、組織等は多くの点が同じである。また、両者は、基本的に対等の関係にある。

　国の全ての地域は、原則として、いずれかの市町村及びこれを包括する都道府県に含まれる。

【発展】市町村の要件は、どのようなものか。

1　市となるべき要件（8条1項）
① 　人口5万以上を有すること。
② 　その普通地方公共団体の中心の市街地を形成している区域内に在る戸数が、全戸数の6割以上であること。
③ 　商工業その他の都市的業態に従事する者及びその者と同一世帯に属する者の数が、全人口の6割以上であること。
④ 　その都道府県の条例で定める都市的施設その他の都市としての要件を備えていること。
　これらは、あくまで市となるのに必要な要件であり、市として存続するのに必要な要件ではない。

2　町となるべき要件（8条2項）
　その都道府県の条例で定める町としての要件を備えていること。

3　町村を市とする処分、村を町とする処分等（8条3項）
① 　町村を市とする処分及び市を町村とする処分　ⅰ市町村は、その議会の議決を経た上で都道府県知事に申請する。ⅱ都道府県知事は、総務大臣に協議してその同意を得た上で、その議会の議決を経て決定し、直ちにその旨を総務大臣に届け出る。ⅲ総務大臣は、届出を受理したときは、直ちにその旨を告示するとともに、国の関係行政機関の長に通知する。ⅳこの告示により、処分の効力が発生する。
② 　村を町とする処分及び町を村とする処分　①とほぼ同じであるが、都道府県知事が総務大臣に協議してその同意を得ることは要しない。

[5] 特別地方公共団体

【基本】特別地方公共団体は、それぞれどのようなものか。

1 特別区
東京都の区（23区）をいう。住民の直接投票による議会と区長が置かれる。また、原則として市に関する規定が適用される。

2 地方公共団体の組合
普通複数の地方公共団体によって構成される地方公共団体で、地方公共団体の事務の一部を共同して処理し、又は地方公共団体の事務の一部の広域処理を行うために設けられるものをいう。

3 財産区
市町村又は特別区の一部において、財産を所有し又は公の施設を設置し、財産又は公の施設の管理及び処分を行う地方公共団体をいう。

4 合併特例区
市町村合併時の特例として、5年以内の一定期間、1又は2以上の旧市町村の区域を単位として一定の事務を処理する地方公共団体をいう。合併市町村の一体性を円滑に確立するための特例措置である（合併特例法26条・27条）。

【基本】地方公共団体の組合にはどのようなものがあるか。

地方公共団体の組合には、次の2つがある。

1 一部事務組合
都道府県、市町村又は特別区がその事務の一部を共同処理するために設ける組合

2 広域連合
都道府県、市町村又は特別区が広域的処理が適当な事務に関し、広域にわたる総合的な計画を作成し、その実施のために連絡調整を図り、その事務の一部を広域にわたり総合的・計画的に処理す

るために設ける組合

組合には、いずれも、規約に基づいて、議会、執行機関、事務所等が置かれる。

【発展】特別区は、なぜ特別地方公共団体なのか。

昭和27年の法改正により特別区の長の公選制が廃止されたことの合憲性が争われた裁判において、判例（昭38・3・27最大判）は、「地方公共団体といい得るためには、単に法律で地方公共団体として取り扱われているということだけでは足らず、事実上住民が経済的文化的に密接な共同生活を営み、共同体意識をもっているという社会的基盤が存在し、沿革的にみても、また現実の行政の上においても、相当程度の自主立法権、自主行政権、自主財政権等地方自治の基本的権能を附与された地域団体であることが必要」として、特別区にはそのような実体はなく、憲法上の地方公共団体に当たらないとした。

なお、平成10年の法改正により、特別区は、基礎的な地方公共団体として、都が大都市地域における行政の一体性及び統一性の確保のため一体的に処理することが必要な事務を除き、一般的に市町村が処理するものとされている事務を処理する旨が定められた。

【発展】特別区は、都にしか設けられないのか。

平成24年に制定された大都市地域特別区設置法により、ⅰ人口200万以上の指定都市又はⅱ指定都市及びこれと隣接する市町村で総人口が200万以上のものは、市町村を廃止し、特別区を設けることができ、特別区を包括する道府県は、法令の適用上は、法令に特別の定めがあるものを除き、都とみなされる。

［6］ 普通地方公共団体の区域 1

【基本】普通地方公共団体の区域とは何か。それはどのように決まっているのか。

1 普通地方公共団体の区域

普通地方公共団体は、ⅰ場所的・空間的要件、ⅱ人的要件、ⅲ法制度的要件から成り立っており（［3］参照）、区域は、この場所的・空間的要件として普通地方公共団体を構成する本質的な要件である。

したがって、普通地方公共団体の区域は、ⅰその区域内に限り、そこにある全ての者に対して、普通地方公共団体の権能が及ぶとともに、ⅱ区域内に住所を有する者は、当然に住民として普通地方公共団体の構成員となる。

区域は、その地域内の土地、河川湖沼の水面のほか、その上空及び地下にも及ぶと解されている。

2 区域の定め（5条）

普通地方公共団体の区域は、従来の区域とされている。すなわち、次に述べる廃置分合、境界変更等がない限り、地方自治法施行当時の区域をもって普通地方公共団体の区域とされている。

また、都道府県の区域は、市町村を包括する。すなわち、市町村は、いずれか1つの都道府県の区域の一部を構成する関係にある。

【基本】普通地方公共団体の区域は、どのような場合に変更されるのか。

普通地方公共団体の区域の変更が生じる場合には、次の3つの場合がある。

1 廃置分合

廃置分合とは、普通地方公共団体の廃止又は新設、あるいはそ

重要度 ★★☆

の両方を伴う区域の変更をいう。

廃置分合には、ⅰ新設合併（2つ以上の団体を廃止して、その区域に新たな団体を設けること）、ⅱ編入（1つ以上の団体を廃止して、その区域を存続している他の団体に組みいれること）、ⅲ分割（ある団体を廃止した上で、その区域に新たに2つ以上の団体を設けること）、ⅳ分立（ある団体を存続させつつ、その一部の区域を分けて新たな団体を設けること）の4つの場合がある。

合併特例法では、市町村の廃置分合のうち、ⅰ2以上の市町村の区域の全部若しくは一部をもって市町村を置くこと（新設合併）、又はⅱ市町村の区域の全部若しくは一部を他の市町村に編入すること（編入合併）で、市町村の数の減少を伴うものを、「市町村の合併」としている。

2　境界変更

境界変更とは、廃置分合と異なり、普通地方公共団体の廃止又は新設を伴わない区域だけの変更をいう。すなわち、普通地方公共団体の法人格に変動がない場合である。次に述べる未所属地域の編入と異なり、境界変更は、同時に2つ以上の普通地方公共団体の区域が変更する。

3　未所属地域の編入

従来の普通地方公共団体の区域に属しなかった区域を普通地方公共団体の区域に編入することをいう。このような場合として、わが国の領土でありながらいずれの普通地方公共団体にも属していない地域、わが国の領海外に新たにできた島嶼でわが国の領土に属することとなった地域等が考えられる。

[7] 普通地方公共団体の区域2

【発展】普通地方公共団体の区域は、どのような手続で変更されるのか。

　普通地方公共団体の区域の変更の手続は、都道府県と市町村の別で次のように定められている。
1 都道府県の配置分合・境界変更（6条・6条の2）
① 都道府県の境界にわたる市町村の設置又は境界の変更のない場合（A県の甲市がB県に入るような場合をいい、A県の甲市がB県の乙市に編入される編入合併又はA県の甲市とB県の乙市が合併して丙市となる新設合併を除く。）
　法律で定める。1つの地方公共団体のみに適用される特別法（憲法95条）であり、住民投票が必要と解されている。
② 都道府県の境界にわたる市町村の設置又は境界の変更がある場合及び未所属地域を市町村の区域に編入する場合
　都道府県の境界も自動的に変更になる。
③ 都道府県の自主的合併（2以上の都道府県の廃止及び1の都道府県の設置、又は都道府県の廃止及び他の都道府県の区域への編入をいう。）
　ⅰ都道府県は、議会の議決を経て、総務大臣を経由して内閣に申請し、ⅱ内閣は、国会の承認を経て合併を決定し、ⅲ総務大臣は、直ちに決定を告示し、ⅳ合併処分は、この告示により効力が生じる。
　なお、①又は②の場合に、財産処分が必要なとき（都道府県の財産がある場合等）は、法律に定めのある場合を除き、関係地方公共団体が、議会の議決を経て、協議して定める。
2 市町村の配置分合・境界変更（7条）
① 都道府県の境界にわたらない場合
　ⅰ関係市町村は、議会の議決を経て、都道府県知事に申請し、

重要度 ★☆☆

　ⅱ都道府県知事は、議会の議決を経て決定し、直ちに総務大臣に届け出（市の配置分合は、あらかじめ総務大臣に協議してその同意を得る。）、ⅲ総務大臣は、直ちにこれを告示するとともに、国の関係行政機関の長に通知し、ⅳ配置分合・境界変更の処分は、この告示により効力を生ずる。
② 都道府県の境界にわたる場合（都道府県の境界にわたる編入合併・新設合併、又は都道府県の境界にわたる市町村の境界の変更をいう。）
　ⅰ関係する市町村及び都道府県は、それぞれ議会の議決を経て、総務大臣に申請し、ⅱ総務大臣が定める（都道府県の境界にわたる市町村の設置の場合は、新市町村がどの都道府県に属することになるかについて、関係地方公共団体が議会の議決を経て総務大臣に申請し、総務大臣が設置の処分と併せて決定する）、ⅲ・ⅳは、①に同じ。
　なお、①又は②の場合に、財産処分が必要なときは、関係市町村が、その議会の議決を経て、協議して定める。
　市町村の合併については、合併特例法により、あらかじめ合併協議会を設置すること、合併協議会の設置について住民の直接請求が認められること、合併市町村基本計画を作成すること等の手続が定められ、また、市となるべき要件、議会の議員の定数・在任、合併特例区の制度等について、地方自治法の特例が定められている。
3　未所属地域の編入（7条の2）
　ⅰ内閣が定めるが、利害関係があると認められる都道府県・市町村があるときは、あらかじめその意見を聴く。ⅱ都道府県・市町村は、議会の議決を経て意見を述べる。ⅲ総務大臣は、編入の処分があったときは、直ちにこれを告示し、ⅳ処分は、この告示により効力を生ずる。

[3] 地方公共団体の意義と種類

1 ( ) 地方公共団体とは、一定の地域において、その地域内に住所を有する全ての者を構成員とする公法人をいう。

2 ( ) 憲法上の地方公共団体は、事実上住民が経済的文化的に密接な共同生活を営み、共同体意識をもっている社会的基盤が存在することを必要とする。

3 ( ) 憲法上の地方公共団体は、普通地方公共団体及びその実体が普通地方公共団体と同じ特別地方公共団体である。

4 ( ) 特別地方公共団体には、特別区、地方公共団体の組合、広域連合及び財産区がある。

[4] 都道府県・市町村

1 ( ) 市町村は、いずれも基礎的な地方公共団体であるが、その処理する事務の範囲に応じて名称が異なる。

2 ( ) 都道府県は、いずれも広域的な地方公共団体として同じ権能を有しており、名称の違いは沿革によるだけである。

3 ( ) 市となるためには、人口5万以上を有することが必要であり、これを欠くに至った場合には、市でなくなる。

4 ( ) 都道府県と市町村は、その処理する事務が異なるが、地方自治法上は、権能、組織等は多くの点が同じである。

[5] 特別地方公共団体

1 ( ) 地方公共団体の組合は、必ず複数の地方公共団体によって構成され、固有の権能、区域及び住民を有している。

解説

[3]

Commentary

1 × 憲法及び法律に基づいて国から独立してその地域の事務を処理する権限を有する法人であることも必要とする。
2 ○ 記述のとおり。

3 × 憲法上の地方公共団体は、普通地方公共団体である。ただし、特別区については議論がある。
4 × 広域連合は、地方公共団体の組合の1形態である。

[4]

Commentary

1 × 市町村は、その規模によって名称が異なるが、一般的に、普通地方公共団体の事務を処理する点では同じである。
2 × 都は、特別区の存する区域においては、その連絡調整のほか、大都市区域の行政の一体性・統一性の確保のため、若干の特例がある。
3 × 市となるための要件は、市として存続するのに必要な要件ではない。
4 ○ 記述のとおり。

[5]

Commentary

1 × 地方公共団体の組合の区域及び住民は、それを組織する地方公共団体の区域を包括する区域及び住民であり、固有のものではない。

確認問題

2 （ ）一部事務組合が共同処理する地方公共団体の事務は、自治事務であって、法定受託事務は含まれない。
3 （ ）財産区は、普通地方公共団体の区域の一部において財産を有し又は公の施設を設置し、その管理及び処分を行う。
4 （ ）特別区は、基礎的な地方公共団体として、特別区の区域を通じて都が一体的に処理する事務を除き、市町村の事務を処理する。
5 （ ）特別区とは、東京都の23区をいい、都以外に特別区を設けることはできない。

［6］・［7］　普通地方公共団体の区域

1 （ ）普通地方公共団体の区域には、陸地及び河川などの水面は含まれるが、その上空は含まれない。
2 （ ）市町村は、都道府県の区域の一部を構成する関係にあるが、複数の都道府県の区域にまたがることも可能である。
3 （ ）廃置分合は、複数の団体を廃止して新たな団体を設けることと、ある団体を廃止して新たに複数の団体を設けることをいう。
4 （ ）境界変更とは、廃置分合と異なり、普通地方公共団体の廃止又は新設を伴わない区域だけの変更をいう。
5 （ ）都道府県の廃置分合は、全て法律で定めなければならない。
6 （ ）市町村の廃置分合及び境界変更は、全て関係市町村が都道府県知事に申請し、都道府県知事が決定する。

7 （ ）合併特例法は、市町村の合併のうち市町村の数の減少が伴うものについて、特例措置が定められている。

解説

2 × 一部事務組合が共同処理する事務は、法定受託事務も含まれる。
3 × 財産区は、市町村又は特別区の区域の一部に設けられる。
4 ○ 記述のとおり。

5 × 大都市地域特別区設置法により、市町村を廃止し、特別区を設けることができることとなった。

[6]・[7] Commentary

1 × 普通地方公共団体の区域には、陸地、水面の上空や地下も含まれる。
2 × 都道府県の区域は、市町村を包括し、市町村は、いずれかの都道府県の区域の一部を構成する。
3 × 記述は、新設合併及び分割であり、廃置分合には、このほかに編入及び分立がある。

4 ○ 記述のとおり。

5 × 都道府県の自主的合併は、内閣が、国会の承認を経て決定する。
6 × 市町村の廃置分合及び境界変更が都道府県の境界にわたる場合には、総務大臣に申請し、総務大臣が定める。
7 ○ 記述のとおり。

第3章 住民・住民自治のための制度

[8] 住民1

【基本】住民とは何か。

　住民とは、普通地方公共団体の区域内に住所を有する者をいう。すなわち、市町村の区域内に住所を有する者は、当該市町村及びこれを包括する都道府県の住民としての地位を有する（10条1項）。

　地方公共団体は、その地域内に住所を有する全ての者を構成員とする団体（[3] 参照）であり、住民は、地方公共団体を構成する本質的な要件である。

　住民は、その普通地方公共団体の区域内に住所を有してさえいれば、自然人であるか法人であるかを問わないし、国籍、年齢、人種等を問わない。また、住所を有することにより当然に住民となり、住民となるための届出や処分等の手続は必要ない。

【基本】住民は、どのような権利を有し、また、どのような義務を負うか。

　住民は、法律の定めるところにより、ⅰその属する普通地方公共団体の役務の提供を等しく受ける権利を有するとともに、ⅱその負担を分任する義務を負う（10条2項）。

　普通地方公共団体は、その構成員である住民の共同の負担において、住民の福祉の増進を図ることを目的としてその地域における事務を処理する団体であるから、住民のこのような役務の提供を受ける権利と、そのために必要な経費について負担を分かち合う義務は、地方公共団体の本質に基づくものである。

　地方公共団体は、憲法の定める地方自治の本旨の1つである住民自治に基づいて、その構成員である住民自らの意思により運営されることから、日本国民たる普通地方公共団体の住民は、地方自治法の定めるところにより、ⅲ自治に参与する権利（参政権）を有する（11条～13条）。

重要度 ★★★

【発展】「住所を有する」とは、どのようなことをいうか。

　住民であるためには、その地方公共団体の区域内に住所を有する必要があるが、住所とは、自然人の場合は、生活の本拠をいい（民法22条）、法人の場合は、主たる事務所の所在地（一般社団・財団法人法4条）又は本店の所在地（会社法4条）をいう。

　したがって、出稼ぎや災害による避難のために滞在している場所は、たとえそれが長期にわたっても住所ではない。生活の本拠かどうかは、客観的な居住の事実を基礎とし、これにその居住者の主観的な意思を総合して決定する。

【発展】住民の「役務の提供を受ける権利」とはどのような権利か。また、「負担を分任する義務」とはどのような義務か。

1　役務の提供を受ける権利

　役務の提供とは、公の施設の設置運営のほか、各種の公的扶助その他の財政的、社会的、技術的支援等、住民の福祉の増進を目的とする役務の提供の全てをいう。なお、このことは、住民以外の者がこれらの役務を提供を受けることを禁止する趣旨ではない。

2　負担を分任する義務

　負担とは、地方税のほか、分担金、使用料、手数料等、法令又は条例等の定めるところによって普通地方公共団体が住民に課する全ての負担をいう。なお、負担の分任は、必ずしも均等に分担する必要はなく、法令又は条例等の定めによって負担能力に応じて負担を分かち合う場合もある。

[9] 住民2

【基本】住民の参政権は、具体的にどのようなものか。

　住民が有する普通地方公共団体の自治に参与する権利（参政権）は、具体的には次のようなものである。
1　選挙に参与する権利（11条・17～19条）
　日本国民たる普通地方公共団体の住民は、その属する普通地方公共団体の選挙に参与する次の権利を有しており、いずれの権利も、公職選挙法に具体的に定められている。
① 　選挙権（その属する普通地方公共団体の議会の議員及び長の選挙権）　日本国民たる年齢満18年以上の者（平成28年6月19日後に公示される総選挙・通常選挙の公示日以後）で引き続き3月以上市町村の区域内に住所を有するもの
② 　被選挙権
　　i　普通地方公共団体の議会の議員の被選挙権　①の選挙権を有する者で年齢満25年以上のもの
　　ii　都道府県知事の被選挙権　日本国民で年齢満30年以上のもの
　　iii　市町村長の被選挙権　日本国民で年齢満25年以上のもの
2　直接請求の権利（12条・13条）
　1①の選挙権を有する者は、その属する普通地方公共団体に対し、次の直接請求をする権利を有する。いずれの権利も、地方自治法に具体的に定められている。
① 　条例（地方税の賦課徴収並びに分担金、使用料及び手数料の徴収に関するものを除く。）の制定・改廃を請求する権利
② 　事務の監査を請求する権利
③ 　議会の解散を請求する権利
④ 　普通地方公共団体の議会の議員、長、副知事・副市町村長その他の主要公務員の解職を請求する権利

3 住民投票等の権利
 1①の選挙権を有する者は次の①・②の住民投票をする権利を有し、住民一般は③の権利を有する。
① 2③・④の直接請求の結果行われる住民投票を行う権利
② 1つの地方公共団体のみに適用される特別法（憲法95条）に関する住民投票を行う権利
③ 住民監査請求及び住民訴訟を行う権利

 これらのほか、合併特例法には、合併協議会設置の直接請求の権利、これに関する住民投票の権利が定められている。

【発展】住民はどのように把握するのか。

　住民は、普通地方公共団体の構成要素であるとともに、住民であることにより各種の権利及び義務を有するから（［8］参照）、普通地方公共団体は、その住民を正確に把握する必要がある。そこで、市町村は、別に法律の定めるところにより、その住民につき、その住民たる地位に関する正確な記録を常に整備しなければならないこととされており（13条の2）、この法律が「住民基本台帳法」である。

　住民基本台帳法4条には、「住民の住所に関する法令の規定は、地方自治法第10条第1項に規定する住民の住所と異なる意義の住所を定めるものと解釈してはならない。」と規定されており、地方自治法10条1項の「住民」に該当する者は、その市町村の住民基本台帳に記録され、市町村の住民に関する事務は、全て住民基本台帳に基づいて処理される。

　なお、日本国籍を有しない者のうち中長期在留者、特別永住者等で市町村内に住所を有するものも住民基本台帳に記録される。これに対し、住民基本台帳法の住民には、法人を含まない。

[10] 直接請求 1

【基本】直接請求の制度は、どのような趣旨か。

　地方公共団体には、執行機関として地方公共団体の長が、議事機関として議会が、それぞれ置かれ、長及び議会の議員は、その地方公共団体の住民が、直接これを選挙するとされ（憲法93条）、間接民主制が採用されている。しかし、地方自治の本旨の1つである住民自治の理念に基づけば、地方公共団体は、できる限りその構成員である住民自らの意思に基づいて組織され、運営されるべきである。そこで、地方自治法には、間接民主制を基本としつつも、間接民主制を補完する制度として、各種の直接民主制の制度が定められている。

　直接請求の制度は、このような直接民主制の制度として位置付けられるものであり、間接民主制だけでは住民の意思が十分に反映されない場合、間接民主制により選出された住民の代表者が住民の意思に反した行動をとった場合等に、住民がその地方公共団体の組織又は運営に直接参加することができる機会を与える制度である。

【基本】直接請求の制度には、どのようなものがあるか。

　地方自治法に定める直接請求の制度には、ⅰ条例の制定・改廃の請求（イニシアティブ）、ⅱ事務の監査の請求、ⅲ議会の解散の請求（リコール）、ⅳ議会の議員、長、副知事・副市町村長その他の主要公務員の解職の請求（リコール）の4つの制度（74～88条）があるほか、広域連合については、広域連合の規約の変更の要請の請求の制度（291条の6第2項）がある。

　これらのほかに、合併特例法には、合併協議会の設置の請求の制度（同法4条）がある。

【基本】条例の制定・改廃の請求は、どのような制度か。

1 条例の制定・改廃の請求 (74条1項)

条例の制定・改廃の請求は、ⅰ普通地方公共団体の議会の議員及び長の選挙権を有する者が、ⅱ選挙権を有する者の総数の50分の1以上の者の連署をもって、ⅲ請求の代表者から、普通地方公共団体の長に対してする。ⅳ請求の内容は、条例の制定・改廃であるが、地方税の賦課徴収並びに分担金、使用料及び手数料の徴収に関する条例の制定・改廃は、請求することができない。

2 署名の収集 (74条7〜9項、施行令92・93条)

署名の収集は、代表者が署名簿を作製して、これに署名し、押印することによって行う。心身の故障等により署名簿に署名することができない者は、氏名代筆者に委任することができる。

署名の収集は、街頭でも戸別訪問によっても行うことができる。署名の収集を行うことができるのは、代表者が選挙人名簿に登録された者であることの確認をした旨の告示があった日から一定期間に制限され、その普通地方公共団体の区域内で衆議院議員、参議院議員又は普通地方公共団体の議会の議員若しくは長の選挙が行われることとなるときは、一定期間、その区域内においては署名を求めることができない。

3 請求 (74条の2)

請求には、請求書に条例案を添付して行う。また、代表者は、請求者の署名簿を市町村の選挙管理委員会に提出して、署名簿に署名・押印した者が選挙人名簿に登録された者であることの証明を求め、これを証明する書面及び署名簿も添えなければならない。

[11] 直接請求2

【基本】条例の制定・改廃の請求は、どのように処置されるのか。

1 普通地方公共団体の長の処置（74条2・3項）

普通地方公共団体の長は、条例の制定・改廃の請求があったときは、ⅰ直ちに請求の要旨を公表し、ⅱ当該請求を受理した日から20日以内に議会を招集し、意見を付けてこれを議会に付議し、ⅲその結果を当該請求の代表者に通知するとともに、これを公表しなければならない。

このうち、ⅱの議会への付議は、議会の開会中であれば、改めて議会を招集することなくこれをすることができる。また、議会の議員の任期満了等の特別の事情があるときは、受理した日から20日以内を過ぎて付議することも許される。

また、普通地方公共団体の長の意見は、執行機関としての条例案に対する意見であって、賛否を明らかにする必要がある。

2 議会の審議（74条4項）

普通地方公共団体の議会は、普通地方公共団体により付議された条例案の審議を行うに当たっては、当該請求の代表者に意見を述べる機会を与えなければならない。代表者が複数の場合には、議会が意見を述べる者の数を定める。

条例案については、通常の議事手続により、議決する。条例案を可決し又は否決するほか、修正して議決することもできる。審議が終了しないときは、継続審査とすることもできるが、審議未了とすることはできず、その場合には、これに対する議決があるまで議会に付議する必要がある。

【基本】事務の監査の請求は、どのような制度で、どのように処置されるのか。

1 事務監査請求（75条1項）

事務監査請求は、ⅰ普通地方公共団体の議会の議員及び長の選

重要度 ★★★

挙権を有する者が、ⅱその総数の50分の1以上の者の連署をもって、ⅲ請求の代表者から、普通地方公共団体の監査委員に対してする。ただし、ⅰは、道の方面公安委員会の権限に関する事務の監査の請求は、当該方面公安委員会の管理する方面本部の管轄区域内において選挙権を有する者に限られる。

ⅳ請求の内容は、当該普通地方公共団体の事務の執行に関し、監査の請求をすることである。事務監査請求は、普通地方公共団体の自治運営の適正化・合理化を図るとともに、事務の実態を住民に周知してその理解と批判の下に置くものである。したがって、その対象となるのは、普通地方公共団体の事務の全般であり、財務会計上の行為等に限定されず、また、除外事項は定められていない。

請求のための署名の収集や請求の手続は、条例の制定・改廃の請求とほぼ同じである。

なお、監査委員の監査に代えて個別外部監査契約に基づく監査を可能とすることを条例により定める普通地方公共団体では、個別外部監査契約に基づく監査によることを求めることができる（252条の39第1項）。

2　監査委員の処置（75条2〜4項）

監査委員は、ⅰ直ちに請求の要旨を公表し、ⅱ請求に係る事項に関し監査を行い、ⅲ監査の結果に関する報告を決定し、ⅳこれを代表者に通知し、かつ、公表する。また、ⅴこれを当該普通地方公共団体の議会及び長並びに関係ある委員会又は委員に提出する。

なお、ⅲの監査は、関係する事項の事務の管理又は執行について、当不当の判定を行う。報告の決定は、監査委員の合議による。

[12] 直接請求3

【基本】 普通地方公共団体の議会の解散の請求は、どのような制度で、どのように処置されるのか。

1 議会の解散請求（76条1項・79条）

普通地方公共団体の議会の解散の請求は、ⅰ普通地方公共団体の議会の議員及び長の選挙権を有する者が、ⅱ選挙権を有する者の総数の原則として3分の1以上の者の連署をもって、ⅲ請求の代表者から、普通地方公共団体の選挙管理委員会に対してする。ただし、ⅳ㋐普通地方公共団体の議会の議員の一般選挙のあった日から1年間及び㋑議会の解散請求による解散の投票のあった日から1年間は、請求することができない。

なお、ⅱは、選挙権を有する者の総数が40万を超える場合には、次のように3分の1より緩和される。

㋐ 40万を超え80万以下の場合 「40万を超える数に6分の1を乗じて得た数」と「40万に3分の1を乗じて得た数」とを合算して得た数

㋑ 80万を超える場合 「80万を超える数に8分の1を乗じて得た数」と「40万に6分の1を乗じて得た数」と「40万に3分の1を乗じて得た数」とを合算して得た数

請求のための署名の収集や請求の手続は、条例の制定・改廃の請求とほぼ同じである。

2 選挙管理委員会の処置等（76条2～4項・77・78条）

選挙管理委員会は、議会の解散請求があったときは、ⅰ直ちに請求の要旨を公表し、ⅱ選挙人の投票に付す。また、選挙管理委員会は、解散の投票の結果が判明したとき及び投票の結果が確定したときは、ⅲ直ちにこれを請求代表者及び当該普通地方公共団体の議会の議長に通知し、かつ、これを公表するとともに、ⅳ都道府県では都道府県知事に、市町村では市町村長に報告する。

重要度 ★★★

　解散の投票において、その有効投票の総数の過半数の同意があったときは、当該普通地方公共団体の議会は、その投票の日に解散する。

【基本】普通地方公共団体の議会の議員の解職の請求は、どのような制度で、どのように処置されるのか。

1　議会の議員の解職請求（80条1項・84条）

　普通地方公共団体の議会の議員の解職の請求は、ⅰ当該議員の選挙区において普通地方公共団体の議会の議員及び長の選挙権を有する者が、ⅱその所属する選挙区において選挙権を有する者の総数の3分の1（その総数が40万を超えるときは、議会の解散請求と同様に緩和）以上の者の連署をもって、ⅲ請求の代表者から、普通地方公共団体の選挙管理委員会に対してする。ただし、ⅳ㋐その議員（無投票当選の規定により就職した議員を除く。）の就職の日から1年間及び㋑その議員の解職請求による解職の投票のあった日から1年間は、請求することができない。

　選挙区がない場合の解職請求は、議会の解散請求と同じ手続である。

2　選挙管理委員会の処置等（80条2～4項・82条1項・83条）

　選挙管理委員会は、議員の解職請求があったときは、ⅰ当該議員の選挙区の選挙人の投票に付す点、ⅱその結果が判明したとき及び確定したときは、当該関係議員にも通知する点を除き、議会の解散請求の際の処置と同様である。

　解職の投票において、その有効投票の総数の過半数の同意があったときは、当該関係議員は、その投票の日に失職する。

[13] 直接請求4

【基本】普通地方公共団体の長の解職の請求は、どのような制度で、どのように処置されるのか。

1 長の解職請求（81条1項・84条）

普通地方公共団体の長の解職請求は、議会の解散請求と同じ手続である。すなわち、ⅰ普通地方公共団体の議会の議員及び長の選挙権を有する者が、ⅱ選挙権を有する者の総数の3分の1以上（その総数が40万を超えるときは、緩和）の者の連署をもって、ⅲ請求の代表者から、普通地方公共団体の選挙管理委員会に対してする。ただし、普通地方公共団体の議会の議員と同様に、ⅳ㋐その就職の日から1年間（無投票当選の規定により就職した場合を除く。）及び㋑解職請求による解職の投票のあった日から1年間は、請求することができない。

2 選挙管理委員会の処置等（81条2項・82条2項・83条）

選挙管理委員会は、長の解職請求があったときは、ⅰ直ちに請求の要旨を公表し、ⅱ選挙人の投票に付す。また、選挙管理委員会は、解職の投票の結果が判明したとき及び投票の結果が確定したときは、ⅲ直ちにこれを請求代表者並びに当該普通地方公共団体の長及び議会の議長に通知し、かつ、これを公表する。

解職の投票において、その有効投票の総数の過半数の同意があったときは、当該長は、その投票の日に失職する。

【基本】普通地方公共団体の主要公務員の解職の請求は、どのような制度で、どのように処置されるのか。

1 主要公務員の解職請求（86条1項・88条）

解職請求の対象となるのは、㋐副知事・副市町村長、㋑指定都市の総合区長（[98]参照）、㋒選挙管理委員、㋓監査委員、㋔公安委員会の委員（86条）、㋕教育委員会の教育長・委員（13条3

項・地教行法8条）である。

　解職請求は、ⅰ普通地方公共団体の議会の議員及び長の選挙権を有する者（総合区長及び指定都市の区・総合区の選挙管理委員はその総合区・区の区域内で、道方面公安委員会の委員はその方面公安委員会の管理する方面本部の管轄区域内で、選挙権を有する者）が、ⅱ選挙権を有する者の総数の3分の1（その総数が40万を超えるときは、議会の解散請求と同様に緩和）以上の者の連署をもって、ⅲ請求の代表者から、普通地方公共団体の長に対してする。

　ただし、ⅳ㋐の副知事・副市町村長及び㋑の総合区長の解職請求は、その就職の日から1年間及び解職請求に係る議会の議決の日から1年間、㋒〜㋖の主要公務員の解職請求は、その就職の日から6月間及び解職請求に係る議会の議決の日から6月間は、することができない。

2　普通地方公共団体の長の処置等（86条2〜4項・87条）

　普通地方公共団体の長は、主要公務員の解職請求があったときは、ⅰ直ちに請求の要旨を公表し、ⅱこれを議会に付議し、ⅲその結果を請求の代表者及び関係者に通知し、かつ、これを公表する。

　普通地方公共団体の議会の議員の3分の2以上が出席し、出席議員（議長を含む。）の4分の3以上の同意があったときは、当該解職請求の対象の主要公務員は、失職する。

　この議会の議決に不服がある者は、議決の日から一定期間内に、都道府県は総務大臣、市町村は都道府県知事に審査を申し立て、その裁決に不服がある者は、裁決の日から一定期間内に裁判所に出訴することができる。

[8]・[9]　住民

1 （　）住民とは、普通地方公共団体の区域内に住所を有する自然人をいう。
2 （　）住民となるためには、その普通地方公共団体に届け出て、住民票に記載される必要がある。
3 （　）住民は、法律の定めるところにより、その属する普通地方公共団体の負担を等しく分かち合う義務を負う。
4 （　）満20歳以上の日本国民で、市町村の区域内に住所を有する者は、その市町村長の選挙権を有する。
5 （　）満25歳以上の日本国民は、市町村の区域内に住所を有しなくても、その市町村長の被選挙権を有する。

[10]～[13]　直接請求

1 （　）条例の制定・改廃の請求は、住民の総数の50分の1以上の連署をもって普通地方公共団体の長に請求する。

2 （　）条例の制定・改廃の請求は、その請求の代表者が、その普通地方公共団体の議会の議長に提出する。
3 （　）普通地方公共団体の歳入に減額をもたらす条例については、その制定・改廃を請求することができない。

4 （　）条例の制定・改廃の請求を受理したときは、議会は、その日から20日以内にこれを議決しなければならない。

5 （　）議会は、制定・改廃の請求に係る条例案の審議の際に、その請求の代表者に意見を述べさせなければならない。
6 （　）議会が制定・改廃の請求に係る条例案を議決する場合には、出席議員の3分の2以上の同意を必要とする。
7 （　）事務監査請求は、職員の財務会計上の違法又は不当な行

解説

[8]・[9]

Commentary

1 × 住民は、自然人であるか法人であるかを問わない。
2 × 住民となるための届出や処分等の手続は必要ない。
3 × 住民は、その属する普通地方公共団体の負担を分任するが、平等に負担するわけではない。
4 × 満18歳以上で、引き続き3月以上市町村の区域内に住所を有することが必要である。
5 ○ 記述のとおり。

[10]～[13]

Commentary

1 × 普通地方公共団体の議会の議員及び長の選挙権を有する者の総数の50分の1以上の連署を要する。

2 × 普通地方公共団体の長に提出する必要がある。

3 × 地方税の賦課徴収並びに分担金、使用料及び手数料の徴収に関する条例の制定・改廃が請求の対象外である。

4 × 普通地方公共団体の長は、20日以内に議会を招集し、意見を付けて議会に付議しなければならない。

5 × 請求の代表者に意見を述べる機会を与えなければならない。

6 × 通常の条例案の議決と同じ要件である。

7 × 事務監査請求は、普通地方公共団体の事務の執

確認問題

為又は職務を怠る事実の是正等を求めるものである。

8（ ）自治事務については、労働委員会及び収用委員会の権限に属する一定の事務は、事務監査請求の対象とならない。
9（ ）事務監査請求に基づく監査を行った場合は、その結果に関する報告を議会及び長に提出しなければならない。
10（ ）普通地方公共団体の執行機関は、事務監査請求に基づく監査の結果に基づき、措置を講じなければならない。
11（ ）議会の解散の請求は、選挙権を有する者の3分の1以上の者の連署をもって、普通地方公共団体の長に請求する。

12（ ）議会の解散の請求に基づく投票において有効投票総数の3分の2以上の同意があったときは、議会は解散する。
13（ ）議員の解職の請求は、普通地方公共団体において選挙権を有する者の原則として3分の1以上の連署を要する。

14（ ）議員の解職の請求は、その議員が議員となった日から1年間は、いかなる場合でもすることができない。

15（ ）普通地方公共団体の長の解職請求は、請求の代表者から、普通地方公共団体の選挙管理委員会に対してする。
16（ ）副知事・副市町村長の解職請求は、選挙権を有する者の総数の50分の1以上の者の連署をもって、選挙管理委員会に対してする。
17（ ）監査委員の解職請求があった場合において、議会において出席議員の過半数の同意があったときは、失職する。

18（ ）解職請求は、人事委員会・公平委員会、選挙管理委員会、監査委員等の委員会の委員又は委員が対象となる。

解説

行に関する監査の請求であり、記述は、住民監査請求である。

8	×	事務監査請求の対象は、普通地方公共団体の事務の全般であり、除外事項は定められていない。
9	○	記述のとおり。なお、関係する委員会・委員にも提出する。
10	×	記述のような義務はない。
11	×	選挙権を有する者の総数が40万を超える場合は、3分の1の要件が緩和される。また、選挙管理委員会に請求する。
12	×	有効投票の総数の過半数の同意により、解散する。
13	×	その議員の所属する選挙区において選挙権を有する者の総数の原則として3分の1以上の者の連署を要する。
14	×	無投票当選の規定により議員となった場合は、就職の日から1年以内でも解職の請求をすることができる。
15	○	記述のとおり。
16	×	選挙権を有する者の総数の原則として3分の1以上の者の連署をもって、普通地方公共団体の長に対してする。
17	×	議会の議員の3分の2以上が出席し、出席議員の4分の3以上の同意があったときに、失職する。
18	×	人事委員会・公平委員会の委員は、解職請求の対象とならない。委員会の委員又は委員の全てが解職請求の対象となるわけではない。

第4章 普通地方公共団体の事務

[14] 普通地方公共団体の権能及び事務1

【基本】国と地方公共団体はどのように役割を分担するのか。

1 地方公共団体の役割（1条の2第1項）

地方公共団体は、住民の福祉の増進を図ることを基本として、地域における行政を自主的かつ総合的に実施する役割を広く担う。

2 国の役割（1条の2第2項）

① 国は、次の事務等の実施その他の国が本来果たすべき役割を重点的に担う。
　ⅰ 国際社会における国家としての存立にかかわる事務
　ⅱ 全国的に統一して定めることが望ましい国民の諸活動又は地方自治に関する基本的な準則に関する事務
　ⅲ 全国的な規模で又は全国的な視点に立って行わなければならない施策及び事業

② 国は、住民に身近な行政はできる限り地方公共団体に委ねることを基本として、国と地方公共団体との間で適切に役割を分担する。

③ 国は、地方公共団体に関する制度の策定及び施策の実施に当たって、地方公共団体の自主性及び自立性が十分に発揮されるようにする。

3 役割分担に関する立法等の原則（2条11・12項）

1及び2の役割の分担に基づき、地方公共団体に関する法令の立法及びその解釈・運用に関し、次の原則が定められている。

① 地方公共団体に関する法令の規定は、地方自治の本旨に基づき、かつ、国と地方公共団体との適切な役割分担を踏まえたものでなければならないこと（立法の原則）。

② 地方公共団体に関する法令の規定は、地方自治の本旨に基づいて、かつ、国と地方公共団体との適切な役割分担を踏まえて、解釈し、及び運用するようにしなければならないこと（解釈・

運用の原則)。

【基本】普通地方公共団体は、どのような権能を有し、どのような事務を処理するのか。

1 普通地方公共団体の権能

憲法94条には、地方公共団体は、ⅰその財産を管理し、事務を処理し、及び行政を執行する権能(行政的権能)を有するとともに、ⅱ法律の範囲内で条例を制定する権能(立法的権能)を有すると規定されており、普通地方公共団体は、自治権の内容として、その地域における行政的権能及び立法的権能を有している。これに対し、司法的権能は、国に専属している。

2 普通地方公共団体の事務(2条2項)

普通地方公共団体の事務とは、普通地方公共団体がその権能として処理する事務をいう。普通地方公共団体は、次の2つの事務を処理する。

① 地域における事務 普通地方公共団体は、その所管する区域において行政的権能を有する統治団体であることから、住民の福祉の増進を図ることを目的として当該地域における行政事務一般を処理する。

② ①以外の事務であって、法律又は法律に基づく政令により処理することとされるもの 地域における事務とはいえない事務であっても、法律又は法律に基づく政令で定められた場合には、当該事務を処理する。

この事務の例として、北海道は、陸軍の軍人軍属であった者の身上の取扱いに関する事務で樺太に関するものを処理し、福岡県は当該事務で朝鮮及び台湾に関するものを処理すること(附則10条、施行令附則6条)等が定められている。

[15] 普通地方公共団体の権能及び事務2

【基本】都道府県と市町村の事務は、どのような関係にあるのか。

　市町村と都道府県はいずれも普通地方公共団体であるが、両者が二重構造となっていることから、両者の事務の配分について次のように区分されている。また、都道府県及び市町村は、その事務を処理するに当たっては、相互に競合しないようにしなければならない（2条6項）。

1　都道府県の事務（2条5項）

　都道府県は、市町村を包括する地方公共団体として、普通地方公共団体の事務（ⅰ地域における事務及びⅱ法律又は法律に基づく政令により処理することとされる事務）のうち、次の事務を処理する。

① 広域にわたる事務（広域事務）
② 市町村に関する連絡調整に関する事務（連絡調整事務）
③ その規模又は性質において一般の市町村が処理することが適当でないと認められる事務（補完事務）

2　市町村の事務（2条3・4項）

　市町村は、基礎的な地方公共団体として、都道府県が処理するもの（1①～③）を除き、一般的に、普通地方公共団体の事務を処理する。

　そのほか、1③の事務については、市町村の規模及び能力に応じて処理することができる。そのための地方自治法上の制度として、ⅰ条例による事務処理の特例、ⅱ大都市等（指定都市及び中核市）に関する特例の制度がある。

【発展】地方公共団体の事務は、どのように処理されなければならないのか。

　地方公共団体は、その事務を処理するに当たっては、次の原則

を遵守しなければならない（2条14〜17項）。
① 住民の福祉の増進に努めること（住民福祉の原則）。
② 最少の経費で最大の効果を挙げるようにすること（能率化の原則）。
③ 常に地方公共団体の組織及び運営の合理化に努めること（合理化の原則）。
④ 他の地方公共団体に協力を求めて地方公共団体の規模の適正化を図ること（規模の適正化の原則）。
⑤ 法令に違反して事務を処理してはならないこと。また、市町村及び特別区は、その都道府県の条例に違反して事務を処理してはならないこと（法令適合の原則）。なお、法令や都道府県の条例に違反して行った地方公共団体の行為は、無効である。

[16] 自治事務・法定受託事務1

第4章 普通地方公共団体の事務

【基本】自治事務とは何か。また、法定受託事務とは何か。

1 自治事務（2条8項）

自治事務とは、地方公共団体の処理する事務（[14] 参照）のうち、法定受託事務を除いたものをいう。

自治事務は、次のように分類できる。

① 法律又は法律に基づく政令に定めのある自治事務
  i その実施が地方公共団体に義務付けられるもの
  ii その実施が地方公共団体の任意であるもの
② 法律に定めのない自治事務

①iについては、国は、地方公共団体が地域の特性に応じて当該事務を処理することができるよう特に配慮しなければならない（2条13項）。

2 法定受託事務（2条9・10項）

法定受託事務とは、次の2種類の事務をいう。

① 第1号法定受託事務　次の要件を全て充たす事務をいう。
  i 法律又は法律に基づく政令により都道府県、市町村又は特別区が処理することとされる事務
  ii 国が本来果たすべき役割に係る事務
  iii 国においてその適正な処理を特に確保する必要があるものとして法律又は法律に基づく政令に特に定める事務
② 第2号法定受託事務　次の要件を全て充たす事務をいう。
  i 法律又は法律に基づく政令により市町村又は特別区が処理することとされる事務
  ii 都道府県が本来果たすべき役割に係る事務
  iii 都道府県においてその適正な処理を特に確保する必要があるものとして法律又は法律に基づく政令に特に定める事務

法定受託事務は、地方公共団体の事務である点において自治事

務と変わりはない。しかし、その事務の性質において、国又は都道府県が本来果たすべき役割に係る事務であって、国又は都道府県においてその適正な処理を特に確保する必要がある点が異なる。このため、地方自治法には、法定受託事務に対する国の関与等について自治事務とは異なる法的効果が定められている。

　具体的な法定受託事務は、地方自治法又は同法施行令に規定する法定受託事務のほかは、法律に基づく法定受託事務については地方自治法の別表に、政令に基づく法定受託事務については地方自治法施行令の別表に、それぞれ掲げられている。

[17] 自治事務・法定受託事務2

【発展】 自治事務と法定受託事務には、どのような点に違いがあるのか。

1 条例制定権（[18]参照）

① 自治事務　法令に違反しない限りにおいて、全ての事項に関して条例を制定することができる。

② 法定受託事務　①と同様に条例を制定することができる。ただし、法律又は法律に基づく政令により明確に事務の範囲を設定した上で地方公共団体に委託されるので、原則として、その事務の処理についてはこれらの法律又は政令に規定されている。

2 普通地方公共団体の議会の権限（[24]～[26]参照）

① 自治事務　ⅰ1の条例制定権のほか、ⅱ検閲・検査の権限、ⅲ監査請求権、ⅳ調査権が及ぶ。また、ⅴ地方自治法に定めるもののほか、条例で定めるところにより、当該事務につき議会の議決すべきものを定めることができる。ただし、ⅱ～ⅳの対象からは、労働委員会及び収用委員会の権限に属する事務で一定のものは、除かれる。

② 法定受託事務　①ⅰ～ⅳと同様であるが、ⅱ～ⅳの対象からは、国の安全を害するおそれがあることその他の事由により議会の検査等の対象とすることが適当でない一定のものは、除かれる。また、①ⅴと同様に議会の議決すべきものを定めることができるが、国の安全に関することその他の事由により議会が議決することが適当でないものとして政令で定めるものが、その対象から除かれる。

3 監査委員の権限（[56]参照）

① 自治事務　ⅰ財務監査及びⅱ行政監査の対象となるほか、ⅲ住民による事務監査請求又は住民監査請求に基づく監査及びⅳ普通地方公共団体の長の要求に基づく監査の対象となる。ただ

重要度 ★★☆

し、ⅱについては、2①ⅱ〜ⅳと同じ例外がある。
② 法定受託事務 ①ⅰ〜ⅳと同様であるが、ⅱについては2②ⅱ〜ⅳと同じ例外がある。

4 審査請求権
① 自治事務 普通地方公共団体の長及びその他の執行機関が行った処分又は不作為に対する審査請求は、当該処分庁等に対して行う。ただし、法律に定めのある事務には、当該処分庁等以外の機関に対する審査請求を定めるものがある。
② 法定受託事務 法律に特別の定めがある場合を除き、次の機関がした処分及び不作為に対する審査請求は、それぞれに掲げる機関に対してする。不作為に対する審査請求は、法律に特別の定めがある場合を除き、当該不作為に係る執行機関に対してすることもできる（255条の2）。
  ⅰ 都道府県知事その他の都道府県の執行機関 当該処分に係る事務を所管する各大臣
  ⅱ 市町村長その他の市町村の執行機関（ⅲ・ⅳを除く。） 都道府県知事
  ⅲ 市町村教育委員会 都道府県教育委員会
  ⅳ 市町村選挙管理委員会 都道府県選挙管理委員会
また、執行機関が処分をする権限を補助職員等に委任した場合は、他の法律に特別の定めがある場合を除き、ⅰ〜ⅳに掲げる機関に再審査請求をすることができる。

5 国又は都道府県の関与等
　普通地方公共団体の事務の処理に関する国の行政機関又は都道府県の機関が行う関与等は、自治事務と法定受託事務とで様々な違いがあり、後述する（［86］〜［93］参照）。

[14]・[15]　普通地方公共団体の権能及び事務

1　(　)　地方公共団体に関する法令の規定は、国と地方公共団体との適切な役割分担を踏まえたものでなければならない。
2　(　)　国は、国が本来果たすべき役割に係る事務を除き、住民に身近な行政はできる限り地方公共団体に委ねなければならない。
3　(　)　普通地方公共団体は、地域における事務で、法律又は政令により処理することとされるものを処理する。
4　(　)　地方公共団体は、自治権の内容として、地域における行政的権能、立法的権能及び司法的権能を有している。
5　(　)　都道府県は、市町村の処理する事務を除き、一般に、普通地方公共団体の事務を処理する。
6　(　)　都道府県が処理する事務のうち広域にわたる事務は、市町村がその規模及び能力に応じて処理することができる。

[16]・[17]　自治事務・法定受託事務

1　(　)　自治事務は、地方公共団体が処理する地域における事務のうち、法定受託事務を除くものをいう。

2　(　)　自治事務は、法律又は法律に基づく政令により地方公共団体が処理することが義務付けられることがない。

3　(　)　法定受託事務は、国又は都道府県が本来果たすべき役割に係る事務で法令により都道府県、市町村又は特別区が処理することとされる事務をいう。

4　(　)　第2号法定受託事務は、都道府県が本来果たすべき役割

解説

[14]・[15]

1 ○ 記述のとおり。

2 × 国が本来果たすべき役割に係る事務であっても、住民に身近な行政はできる限り地方公共団体に委ねることを基本として、役割を分担するようにしなければならない。

3 × 普通地方公共団体は、地域における事務を処理する。法律又は政令に定めがあるものに限らない。

4 × 司法的権能は、国に専属している。

5 × 市町村は、都道府県が処理する事務を除き、一般的に、普通地方公共団体の事務を処理する。

6 × その規模又は性質において一般の市町村が処理することが適当でないと認められる事務（補完事務）である。

[16]・[17]

1 × 自治事務は、地域における事務に限らず、地方公共団体の処理する事務のうち、法定受託事務を除くものをいう。

2 × 自治事務にも、法律又は法律に基づく政令により地方公共団体が処理することが義務付けられるものがある。

3 × 国又は都道府県においてその適正な処理を特に確保する必要があるものとして法律又は法律に基づく政令に特に定めることも必要である。

4 × 第2号法定受託事務は、法律又は法律に基づく

確認問題

に係る事務であり、都道府県の条例において定められる。

5（　）自治事務及び法定受託事務のいずれについても、その処理に関し条例を定めることができる。

 解説

　　　　政令により市町村又は特別区が処理することとされる。
5　○　自治事務も法定受託事務の地方公共団体の事務であり、その処理に関し条例を定めることができる。

第5章 条例・規則

[18] 条例の意義・条例制定権の範囲

【基本】 条例とは何か。また、なぜ普通地方公共団体に条例制定権が認められているのか。

1 条例の意義

条例には、狭義と広義の条例がある。

① 条例(狭義)とは、普通地方公共団体の議会によって制定される自主立法のことをいう。

② 憲法94条には、「地方公共団体は、…法律の範囲内で条例を制定することができる」と規定されており、地方公共団体が自主立法権として条例制定権を有することが規定されている。この「条例」は、普通地方公共団体の長がその権限に属する事務に関して定める規則や、委員会又は委員が定める規則を含む広義の条例である。このうち、最も重要なものが狭義の条例である。

2 条例制定権の趣旨

地方公共団体は、自主行政権(財産を管理し、事務を処理し、及び行政を執行する権能)とともに、自主立法権(法律の範囲内で条例を制定する権能)が認められている(憲法94条)。これは、地方自治の本旨(憲法92条)として、団体自治すなわち地方公共団体が国から独立して、その団体の権限と責任において行政を処理することが認められていることから、その自治権の内容として、当然に認められるものである。

このように、条例制定権は、地方自治の本旨に基づき、直接憲法94条により認められたものである(昭29・11・24最大判)。地方自治法14条には、「普通地方公共団体は、法令に違反しない限りにおいて…条例を制定することができる」と規定するが、これは、条例制定権の根拠を定めたものではない。

重要度 ★★★

【基本】条例は、どの範囲で制定することができるのか。

　条例の制定については、次の5点において制約を受ける。
① 　条例は、憲法に違反してはならない。憲法は、国の最高法規であって、その規定に反する法律、命令等は、無効であり（憲法98条1項）、憲法に違反する条例も同じである。
② 　条例は、普通地方公共団体がその団体の権限と責任において行政を処理するための自主立法であるから、その普通地方公共団体の事務（2条2項）に関してのみ制定することができる。
③ 　ⅰ条例は、法律の範囲内で定めなければならない（憲法94条）。地方自治法14条に「法令に違反しない限りにおいて…条例を制定することができる」と規定されているのも、この趣旨である。具体的には、法律及び法律に基づく政令その他の命令に違反してはならない。政令その他の命令は、法律の規定の実施のため、又は法律の委任に基づいて制定されるものであり、法律と一体をなすものであるからである。法令に違反する条例は、その効力を有しない（昭37・5・30最大判）。また、ⅱ市町村又は特別区の条例は、都道府県の条例に違反してはならない（2条16項）。
④ 　普通地方公共団体の事務であっても、普通地方公共団体の長その他の執行機関限りで処理すべき専属的権限に属する事項については、条例を制定することができない。普通地方公共団体は、いわゆる首長制をとっており、議会と長その他の執行機関は、対等独立の関係にあるからである。
⑤ 　条例は、地方公共団体の自治権に基づくから、その効力が及ぶのは、自治権の範囲すなわち原則として地方公共団体の区域に限られる。その区域内であれば、住民か否かを問わず全ての人その他の対象に適用される（昭29・11・24最大判）。

[19] 条例と憲法の関係

【発展】条例と憲法との関係は、どのような点が問題となるのか。

　条例は、憲法に違反してはならず、憲法に違反する条例は、当然に無効となるが（[18] 参照）、具体的には次の点が問題となる。

1　条例により基本的人権を制約することの合憲性

　憲法は、基本的人権の保障を基本理念としており、全国民を代表する機関である国会（憲法43条1項）は、「法律」すなわち、権利を制限し、又は義務を課す法規範を制定する権限を有する唯一の機関である（憲法41条）と規定している。

　この点、条例は、形式的には法律ではないが、住民の代表機関である議会の議決によって成立する民主的立法である点で実質的には法律に準ずるものである。したがって、法律と同じく、公共の福祉の要請があれば、条例によって権利を制限し、又は義務を課すことができるものと解されている。

　特に問題になるのは、財産権の保障に関し、憲法29条2項に「財産権の内容は、…法律でこれを定める」と規定されており、条例に基づく財産権の制約について規定していない点である。この点、法律の範囲内である限り、地方公共団体が、公共の福祉を保持するため、条例で住民の財産権を規制することも許されるとするのが通説であり、判例（昭38・6・26最大判）もこれを前提としている。

　なお、地方自治法は、普通地方公共団体が、義務を課し、又は権利を制限するには、法令に特別の定めがある場合を除き、条例によらなければならないとしている（14条2項）。

2　条例に罰則を設けることの合憲性

　憲法31条には、「何人も、法律の定める手続によらなければ、その生命若しくは自由を奪われ、又はその他の刑罰を科せられない。」と規定されており、これは、犯罪と刑罰の具体的内容が法

律に規定されなければならないという罪刑法定主義を含む規定であると解されており、条例に罰則を設けることについては、明文で規定されていない。

条例に罰則を設けることについては、ⅰ条例は、住民を代表する議会が制定する法規範であり、この点で政令等とは異なるとする説、ⅱ法律が条例に罰則を個別的・具体的に委任する場合は許され、地方自治法にその委任規定（14条3項）があるとする説、ⅲ憲法94条に地方公共団体の行政執行権が定められ、その権能に関して条例制定権が認められる以上、条例の実効性を担保するために同条に基づいて当然に可能とする説等があり、判例（昭37・5・30最大判）は、ⅰないしⅱの説によっている。

3 条例に基づいて課税することの合憲性

憲法84条には、「新たに租税を課し、又は現行の租税を変更するには、法律又は法律の定める条件によることを必要とする。」として租税法律主義が規定されており、条例に基づいて課税することは明文で規定されていない。

この点、憲法84条の「法律」には、ⅰ住民の代表機関である議会が制定する条例も含まれているとする説や、ⅱ憲法94条は、地方公共団体の財産管理権及び行政執行権を規定しており、これらには地方公共団体の自主財政権すなわち課税権が含まれているとする説がある。ただし、これらの説は、地方公共団体の課税権に対し法律で統一的な準則や枠組を設けることは可能であるとしたり、課税権の具体化は法律による必要があるとしており、判例（平25・3・21最判）は、ⅰを前提に、税目、税率等は、法律においてその準則を定めることが予定されているとする。なお、地方自治法223条は、「普通地方公共団体は、法律の定めるところにより、地方税を賦課徴収することができる。」と規定しており、いずれにしても立法的に措置されている。

[20] 条例と法律の関係

【発展】条例が法令に違反するか否かは、どのように判断するのか。

　条例は、法令に違反してはならず、法令に違反する条例は無効となるが（[18] 参照）、法令に違反するかどうかについては、具体的には次のような基準で判断するものと解されている。

1　条例を定めようとする事項について法令が何ら規定していない場合

① その事項が普通地方公共団体の事務に属しない事項であるときは、条例を定めることは許されない。

② 法令が規定していないのは、法令によって規制することができないとする趣旨であると解されるときは、条例で規制することも許されない。

③ 法令が規定していないのは、地方公共団体が地域の実情に応じて条例で定めるべき事項であるとする趣旨と解されるときは、憲法に違反しない範囲内で条例を定めることができる。

2　条例で規定しようとする事項について法令が既に規定している場合

① 法令の規定に明確に違反する規定を設けることは、許されない。

② ①ではない規定

　i　法令が一定の目的でその事項について規定している場合に、条例がこれと異なる目的で規定するものであり、その適用によって法令の規定の目的及び効果を阻害しないときは、条例でその事項について規定することが許される。

　ii　法令が一定の目的でその事項について規定している場合に、その法令において条例に関して明文の規定があるときは、その規定の定める範囲内において同一の事項について条例で規定することが許される。

重要度 ★★☆

ⅲ 法令が一定の目的でその事項について規定している場合に、その法令が全国的に一律に同一内容の規制を行う趣旨ではなく、それぞれの地方公共団体がその地域の実情に応じて別段の規制を行うことを容認する趣旨であると解されるときは、法令と同じ目的で同一の事項について条例で規定することが許される。

このような考え方に基づき、公害関係立法においては、法律による規制の基準を上回る規制を定める条例（いわゆる「上乗せ条例」）や、法律の規制の対象以外の対象についての規制を定める条例（いわゆる「横出し条例」）を制定することが許されると解されている。また、ⅱの旨を明文で規定する立法例もある。

いずれにしても、条例が法令に違反するかどうかは、両者の対象事項と規定文言を対比するのみでなく、それぞれの趣旨、目的、内容及び効果を比較し、両者の間に矛盾抵触があるかどうかによって判断する必要がある（昭50・9・10最大判）。

[21] 規則の意義・規則制定権の範囲

【基本】規則とは何か。また、なぜ普通地方公共団体の長に規則制定権が認められているのか。

1 規則の意義

普通地方公共団体の規則(狭義の「規則」)とは、普通地方公共団体の長がその権限に属する事項について制定する自主法のことをいう。普通地方公共団体における規則(広義の「規則」)には、普通地方公共団体の規則のほかに、普通地方公共団体の委員会が定める規則(138条の4第2項)及び普通地方公共団体の議会の定める会議規則(120条)がある。

2 規則制定権の趣旨

規則は、広義の条例であり([18]参照)、規則制定権は、地方公共団体に団体自治が認められていることから、その自治権の内容として、直接憲法94条により認められたものである。このことに基づいて、地方自治法15条に「普通地方公共団体の長は、法令に違反しない限りにおいて、その権限に属する事務に関し、規則を制定することができる。」と規定されている。

【基本】規則は、どの範囲で制定することができるのか。

規則の制定については、次の2点において制約を受ける。
① 規則は、条例と同じく、法律の範囲内で定めなければならない(憲法94条)。地方自治法15条に、「法令に違反しない限りにおいて…規則を制定…」と規定されているのもこの趣旨である。具体的には、条例と同じく、憲法、法律及び法律に基づく政令その他の命令に違反してはならない。
② 規則は、普通地方公共団体の長が、その権限に属する事項について制定する自主法であるから、長の権限に属する事項に関して定めなければならない。

重要度 ★★★

【発展】条例と規則はどのような関係にあるか。

　普通地方公共団体は、いわゆる首長制をとっており、議決機関である議会と執行機関である長は、対等独立の関係にある。したがって、議会の制定する条例と長の制定する規則とは、制定手続の違いがあるものの、形式的効力に優劣はなく、別個に独立した法形式である。つまり、議会は普通地方公共団体の事務に関して条例を、長はその権限に属する事務に関して規則を、それぞれ独立して制定することができる。両者の共通する部分は、いずれも制定することができるが、一定の事項については、地方自治法にいずれにより定めるべきかについて規定が置かれている場合がある。以上を整理すると次のようになる。

① 普通地方公共団体の長の権限に専属する事項については、規則で定める。例えば、普通地方公共団体の財務に関する権限は長にあるため、規則で定める（施行令173条の２）。このほか、長の職務の代理者（152条３項）、会計事務処理組織（171条５項）等、規則で定めるとされている事項がある。

② ①を除き、普通地方公共団体の長の権限に属する事務については、原則として、条例と規則のいずれによっても定めることができる。また、条例に基本的事項を定めた上で、その細則を規則に委任することもできる。なお、条例と規則が矛盾する場合には、条例が優先するものと解されている。

③ 条例で定めることとされている事項がある。例えば、義務を課し又は権利を制限するには、法令に特別の定めがある場合を除き、条例によらなければならない（14条２項）。このほか、長の直近下位の内部組織及び分掌事務（158条）等が条例事項とされている。なお、その趣旨に反しない範囲において、条例でその細則を規則に委任することができる。

[22] 条例・規則の公布及び施行／罰則

【基本】条例・規則の公布とは何か。

「公布」とは、成立した法令を公表して一般人が知ることができる状態に置くことをいう。普通地方公共団体の長は、議会で議決された条例の送付を受けたときは、原則として、これを公布しなければならない。普通地方公共団体の規則についても、同様に公布しなければならない。

条例及び規則は、住民にその遵守を求めるためにはその内容を知ることができることが前提になるから、公布がなされない限り、その効力は発生しないと解されている（効力発生要件）。

【基本】条例・規則にはどのような罰則を設けることができるのか。

条例及び規則には、その実効性を確保するため、次の罰則を設けることができる。

① 条例には、法令に特別の定めがある場合を除き、その条例に違反した者に対し、ⅰ2年以下の懲役若しくは禁錮、100万円以下の罰金、拘留、科料又は没収の刑、ⅱ5万円以下の過料を科する旨の規定を設けることができる（14条3項）。ⅰの刑罰は、裁判所が刑事訴訟法等に基づいて科し、ⅱの過料（秩序罰）は、普通地方公共団体の長が科し、強制徴収することができる（149条3号・231条の3）。

② 規則には、法令に特別の定めがある場合を除き、その規則に違反した者に対し、5万円以下の過料を科する旨の規定を設けることができる（15条2項）。

【発展】条例・規則等が制定されて後、効力を発生するまでにはどのような過程を経るのか。

1 条例の議決から効力発生までの過程（16条1～4項）

重要度 ★★☆

① 普通地方公共団体の議会の議長は、議会において条例の制定又は改廃の議決があったときは、その日から3日以内に、その普通地方公共団体の長に送付しなければならない。
② 普通地方公共団体の長は、①の送付を受けた場合は、再議又は審査の申立て等の措置を講じた場合を除き、その日から20日以内に条例を公布しなければならない。一般に、ⅰ公布しようとするときは、普通地方公共団体の長が公布文を付し、年月日を記入するとともに、署名を行い、ⅱ公布は、その全文をその普通地方公共団体の公報に登載するか、庁舎の掲示場に掲示することにより行う。
③ 条例は、条例に特別の定めがあるものを除き、公布の日から起算して10日を経過した日から施行する。「施行」とは、その条例の効力が現実に発生することをいう。すなわち、執行機関がその条例に基づく事務を管理執行し、また、住民等に条例に規定された権利義務が生じるなどである。なお、施行期日の特別の定めは、通常その条例の附則に定められる。
④ 条例の公布に必要な普通地方公共団体の長の署名、施行期日の特例その他条例の施行に関し必要な事項は、条例で定めなければならない。この条例を「公告式条例」という。公告式条例には、一般に、公布の具体的な方式、地域による一般的な施行期日の特例等が定められる。

2 規則等の効力発生までの過程（16条5項）

ⅰ普通地方公共団体の規則、ⅱ普通地方公共団体の機関（委員会、議会等）が定める規則で公表を要するもの、ⅲその他の規程で公表を要するものは、法令又は条例に特別の定めがある場合を除き、1③・④と同じである。なお、教育委員会規則の公布については、特別の定めがある（地教行法15条）。

[18] 条例の意義・条例制定権の範囲

1 ( ) 憲法94条は、地方公共団体の議会に対し、法律の範囲内で条例制定権を認めている。
2 ( ) 条例は、法律の範囲内で定めなければならず、法律に反する条例は、当然にその効力を有しない。
3 ( ) 市町村又は特別区の条例は、都道府県の条例に違反してはならない。
4 ( ) 条例は、その地方公共団体の住民に対してのみ効力が及び、原則として、一時的滞在者には効力が及ばない。

[19] 条例と憲法の関係

1 ( ) 条例は、法律に個別的な委任の定めがある場合に限り、その条例に違反した者に対し罰則を定めることができる。
2 ( ) 普通地方公共団体は、法律に定めがなくても、条例により地方税を賦課徴収することができると解されている。

[20] 条例と法律の関係

1 ( ) 条例を定めようとする事項について法令が規定していない場合は、条例で規制することに制限はない。

2 ( ) 法令が既に規定している事項については、条例で、当該規定に明確に違反する規定を設けることは許されない。

3 ( ) 法令がある事項について規定しているときに、条例でこれと異なる目的で同じ事項を規定することに制限はない。

4 ( ) 条例は、法令により規制された事項については、それを上回る規制を行うことはできない。

解説

[18]

Commentary

1　×　憲法94条は、地方公共団体に条例制定権を認めており、条例は、広義の条例を意味する。
2　○　記述のとおり。

3　○　記述のとおり。

4　×　条例は、その地方公共団体の区域内であれば、原則として、一時的滞在者を含め全ての者に効力が及ぶ。

[19]

Commentary

1　×　条例は、地方自治法の包括的委任の定めに基づき、罰則を定めることができる。
2　×　判例は、地方公共団体の課税権は、法律において準則を定めることが予定されているとする。

[20]

Commentary

1　×　法令による規制ができない趣旨であると解されるとき等には、条例で規制することが許されない。
2　○　記述のとおり。

3　×　法令の規定の目的及び効果を阻害する場合には、条例でその事項について規定することが許されない。
4　×　いわゆる上乗せ条例は、必ずしも法令に違反するとは限らない。

確認問題

[21] 規則の意義・規則制定権の範囲

1 （ ）普通地方公共団体の規則とは、普通地方公共団体の長及びその他の執行機関が制定する自主法のことをいう。

2 （ ）普通地方公共団体の規則は、法令又は普通地方公共団体の条例に違反しない限りにおいて制定することができる。

3 （ ）法令により普通地方公共団体の規則で定めるものとされている事項であっても、条例で定めることは許される。

4 （ ）義務を課し、又は権利を制限するには、条例又は普通地方公共団体の規則によらなければならない。

[22] 条例・規則の公布及び施行／罰則

1 （ ）公布とは、成立した法令を公表して、法令としての一般的な効力を発生させることをいう。

2 （ ）条例には、その条例に違反した者に対し刑罰を科する旨規定を設けられるが、規則には設けることができない。

3 （ ）罰金及び過料は、上限となる金額が異なるが、いずれも裁判所が刑事訴訟法等に基づいて科する刑である。

4 （ ）条例が議会の議長から送付されたときは、普通地方公共団体の長は、必ず20日以内に公布しなければならない。

5 （ ）条例は、法令に特別の定めがある場合を除き、公布の日から起算して5日を経過した日から施行する。

6 （ ）条例及び普通地方公共団体の規則は、その公布に関し必要な事項は、いずれも条例で定めなければならない。

解説

[21]

Commentary

1 × 普通地方公共団体の規則とは、普通地方公共団体の長がその権限に属する事項について制定する自主法をいう。
2 × 普通地方公共団体の規則は、法令に違反しない限りにおいて制定することができる。
3 × 法令により普通地方公共団体の長の権限に専属する事項については、規則で定める。
4 × 義務を課し、又は権利を制限するには、法令に特別の定めがある場合を除き、条例によらなければならない。

[22]

Commentary

1 × 成立した法令を公表して一般人が知ることができる状態に置くことをいい、法令としての効力は生じない。
2 ○ 規則に設けることができるのは、その違反者に対し過料（秩序罰）を科する旨の規定である。
3 × 過料は、罰金と異なり、普通地方公共団体の長が科し、強制徴収することができる。
4 × 普通地方公共団体の長が再議その他の措置を講じた場合は、20日以内に公布することを要しない。
5 × 条例は、条例に特別の定めがある場合を除き、公布の日から起算して10日を経過した日から施行する。
6 ○ 記述のとおり。

81

第6章 議会

[23] 議会の意義・権限

【基本】 普通地方公共団体の議会とは何か。また、議会は、普通地方公共団体においてどのような地位にあるのか。

1 普通地方公共団体の議会の意義

地方公共団体の議会は、地方公共団体の住民の直接選挙によって選出された議員によって構成される地方公共団体の議事機関である（憲法93条）。このことは、住民の意思を代表する機関（住民代表機関）であるとともに、その地方公共団体の意思を決定する機関（意思決定機関）であることを意味する。

地方公共団体の議会は、法律の定めるところにより設置され（憲法93条1項）、地方自治法に基づいて、普通地方公共団体に議会が置かれる。ただし、町村については、条例で、議会を置かず、選挙権を有する者の総会（町村総会）を設けることができる（94条）。この町村総会も憲法上の議会に含まれる。

2 普通地方公共団体の議会の地位

普通地方公共団体の議会の地位は、次のような特色がある。

① 普通地方公共団体はいわゆる首長制をとっており、執行機関である普通地方公共団体の長も、議会と同じく住民の直接選挙によって選出され、議会と長は、対等かつ独立の関係にある。これに対し、国は議院内閣制をとっており、内閣の長たる内閣総理大臣は、国会の議決で指名し（憲法67条1項）、内閣は、行政権の行使について、国会に対し連帯して責任を負う（憲法66条3項）関係にある。

② 普通地方公共団体の議会は、議事機関であり（憲法93条1項）、条例や予算のほかに、住民に具体的に利害のある事件等についても議決権を有している。これに対し、国会は、立法機関とされ（憲法41条）、国会が議決するのは、原則として、法律の制定・改廃、予算、条約の承認等に限られている。

重要度 ★☆☆

【基本】普通地方公共団体の議会の権限には、どのような特色があるか。

　普通地方公共団体の議会は、普通地方公共団体の議事機関であるから、その基本的な権限は議決権であるが、そのほか、地方自治法その他の法律に基づいて一定の権限が付与されている。

　議会の権限は、前述の議会の地位に基づいて、次の特色がある。ⅰ議会は、長と対等・独立の関係に立つことから、執行機関の権限行使に対し抑制と均衡を図るための権限（同意・承認権、検査権・監査請求権等）が付与されている。ⅱ同じ理由から、議会の議決権は、普通地方公共団体の事務の全てに及ぶわけではなく、一定の事項は、長その他の執行機関が自ら決定する。ⅲ議会が住民に具体的に利害のある問題を扱う機関として位置付けられていることから、条例又は予算のほかに、普通地方公共団体の財産の処分に関する事件についても議決権が与えられている。ⅳこのほか、議会は、独立の機関である以上、自主的に運営する権限（自律権）を有している。

【基本】議会に関する事務は、どこが処理するのか。

① 事務局　ⅰ都道府県の議会に事務局を置く。ⅱ市町村の議会に、条例の定めるところにより事務局を置くことができる。
② 事務局長・書記長等　ⅰ事務局に、事務局長、書記その他の職員を置く。ⅱ事務局を置かない市町村の議会に、書記長（町村は置かないことができる。）、書記その他の職員を置く。
③ 職員の任免等　②の職員は、議長が任免する。事務局長・書記長は議長の命を受け、書記その他の職員は上司の指揮を受け、議会に関する事務に従事する。これらのうち常勤の職員（臨時の職を除く。）の定数は、条例で定める。

[24] 議会の権限の種類と内容

【基本】普通地方公共団体の議会の権限は、どのような種類があり、それぞれどのような内容か。

普通地方公共団体の議会の権限には、次のものがある。
1 議決権（96条）
普通地方公共団体の意思を決定する（[25] 参照）。
2 選挙権（97条1項・118条）
法律又はこれに基づく政令によりその権限に属する選挙を行う。具体的には、ⅰ議長・副議長、ⅱ仮議長、ⅲ選挙管理委員・補充員、ⅳ一部事務組合の議会の議員等の選挙である。

選挙は、原則として、自書による単記無記名投票で行うが、一定の場合に点字投票及び代理投票も可能である。投票の効力に関し異議があるときは、議会が決定する。これに対し、出席議員に異議がないときは、指名推選の方法を用いることができる。指名推選の方法は、被指名人を当選人と定めるべきかどうかを会議に諮り、議員の全員の同意があった者を当選人とする。複数の者を選挙する場合は、被指名人を区別して行う。
3 同意権・承認権（145条・162条・196条1項・197条の2第1項・243条の2第8項等）

ⅰ副知事・副市町村長の選任、ⅱ監査委員の選任・罷免、ⅲ長等の一定期日前の退職、ⅳ職員の賠償責任の免除等に対する同意、ⅴ専決処分に対する承認等の権限がある。
4 検査権・監査請求権（98条）

ⅰ普通地方公共団体の事務（自治事務は、労働委員会及び収用委員会の権限に属する一定の事務を除き、法定受託事務は、国の安全を害するおそれがある等により対象とすることが適当でない一定の事務を除く。）に関する書類及び計算書を検閲し、長その他の執行機関の報告を請求して、これらの事務の管理、議決の執

行及び出納を検査すること、ⅱ監査委員に対し、普通地方公共団体の事務（ⅰと同じ事務を除く。）に関する監査を求め、監査の結果に関する報告を請求することができる。

5　意見表明権（99条・206条3項・229条3項等）

ⅰ普通地方公共団体の公益に関する事件につき意見書を国会又は関係行政庁に提出すること、ⅱ普通地方公共団体の長に対し、給与等に関する処分、分担金等の徴収等に対する審査請求があったときに、長の諮問を受けて意見を述べることができる。

6　調査権（100条・100条の2）

ⅰ普通地方公共団体の事務に関する調査を行うことができる（［26］・［27］参照）。また、ⅱ議案の審査又は普通地方公共団体の事務に関する調査のためその他必要な場合に、会議規則の定めるところにより議員を派遣すること、ⅲ必要な専門的事項に係る調査を学識経験者等にさせることができる。

7　請願受理権等（124条）

議会に請願しようとする者は、議員の紹介により請願書を提出しなければならず、議会は、ⅰこの請願を受理し、採択することができる。また、ⅱ採択した請願でその普通地方公共団体の長その他の執行機関において措置することが適当と認めるものは、その請願をこれらに送付し、その処理の経過及び結果の報告を請求することができる。

8　自律権（102条7項・103条・108条・120条・126条・127条1項・134条）

ⅰ議会の会期・延長及びその開閉に関する事項の決定、ⅱ議長・副議長等の選挙及び辞職の許可、ⅲ議員の辞職の許可及び資格の決定、ⅳ懲罰等を自律的に行う。また、ⅴ地方自治法に定めるもののほか、議会の運営に関し、会議規則を設けなければならない。

[25] 議会の議決権

【基本】普通地方公共団体の議会の議決権とは何か。

　普通地方公共団体の議会の議決権とは、普通地方公共団体の意思を決定する権限をいう。議会は、その普通地方公共団体の意思を決定する機関であるから、議決権は、議会の権限の中で最も基本的かつ本質的なものである。ただし、普通地方公共団体は首長制をとっていることから、議決権の対象となる事件（議決事件）は、普通地方公共団体の事務の全てに及ぶわけではなく、原則として、法律に定める事項に限られており（限定列挙主義の原則）、それ以外の事項は、普通地方公共団体の長その他の執行機関が普通地方公共団体の意思を決定する。

　なお、議決には、ⅰ普通地方公共団体の意思の決定という意味（狭義の議決）のほかに、ⅱ合議体としての議会の意思決定という意味（広義の議決）がある。ⅱの意味の議決には、議決事件のほかに、同意・承認、監査請求、意見表明、調査等を行うための議決が広く含まれる。

【発展】議会の議決権は、どのような事件が対象か。

1　法律に定める議決事件（96条1項）

① 条例を設け又は改廃すること。
② 予算を定めること。なお、予算の提出権は長にあるが、長の予算提出権を侵さない範囲で、議会は予算を増額して議決することができる（97条2項）。
③ 決算を認定すること。
④ 地方税の賦課徴収又は分担金・使用料・加入金・手数料の徴収に関すること（法令に規定するものを除く）。
⑤ 条例で定められた契約を締結すること。この条例は、政令の定める種類及び金額についての基準に従って定められる。

重要度 ★★☆

⑥ 財産を交換し、出資の目的とし、支払手段として使用し、又は適正な対価なくして譲渡・貸付をすること（条例で定める場合を除く）。
⑦ 不動産を信託すること。
⑧ 条例で定められた財産の取得又は処分（⑥・⑦を除く。）をすること。この条例は、政令の定める種類及び金額についての基準に従って定められる。
⑨ 負担付きの寄附又は贈与を受けること。
⑩ 法令・条例に定めがある場合を除き、権利を放棄すること。
⑪ 条例で定める重要な公の施設につき条例で定める長期かつ独占的な利用をさせること。
⑫ 普通地方公共団体が当事者である審査請求その他の不服申立て、訴えの提起、和解、斡旋、調停及び仲裁に関すること（一定の行政訴訟に係るものを除く）。
⑬ 法律上その義務に属する損害賠償の額を定めること。
⑭ 区域内の公共的団体等の活動の総合調整に関すること。
⑮ ①～⑭を除き、法律又はこれに基づく政令（これらに基づく条例を含む。）により議会の権限に属するとされた事項

2 条例で定める議決事件（96条2項）

1 ①～⑮のほか、普通地方公共団体は、条例で、普通地方公共団体に関する事件につき議会の議決すべきものを定めることができる。ただし、ⅰ法定受託事務に係る事件については、国の安全に関することその他の事由により議会の議決事件とすることが適当でないものとして政令で定めるものは、除かれる。また、ⅱ法令により普通地方公共団体に義務付けられている事務で、その執行について普通地方公共団体に判断の余地がないもの、ⅲ法令により長その他の執行機関の権限に専属するものも、議会の議決事件とならないと解されている。

[26] 議会の調査権 1

【基本】普通地方公共団体の議会の調査権は、どのようなものか。また、誰にどのような趣旨で認められているのか。

1 議会の調査権の意義（100条 1 項）

議会の調査権とは、地方自治法に基づいて、普通地方公共団体の議会が、ⅰその普通地方公共団体の事務（一部を除く。）に関する調査を行い、ⅱ調査のため特に必要があると認めるときは、選挙人その他の関係人の出頭及び証言並びに記録の提出を請求することのできる権限をいう。調査権が規定されている条名から、一般に、100条調査権と呼ばれている。

2 議会の調査権の趣旨・主体

国会については、憲法で、両議院が法律の制定・改廃、予算の議決その他の権能を適正に発揮するために必要な国政に関する調査を行う権限が与えられている（憲法62条）。これと同じ趣旨で、普通地方公共団体の議会においても、地方自治法により、条例の制定・改廃、予算の議決等の議決事件その他の議会に与えられた権限を適正に行使するために必要な調査を行う権限が与えられている。

このように、議会の調査権は、議会に対して与えられた権限であり、常任委員会等の委員会や議員個人に与えられた権限ではない。したがって、あらかじめ条例又は会議規則に定めて、委員会が一般的・包括的にこの権限を行使することはできず、委員会がこの権限を行使する場合には、その都度、議会において議決する必要がある。この点で、委員会に与えられた所管事務に関する一般的な調査権（[35] 参照）とは異なる。

【基本】調査権は、どのような範囲に及ぶか。

1 調査権の範囲（100条 1 項・施行令121条の 5 ）

議会の調査権の対象となるのは、普通地方公共団体の事務であ

る。ただし、次の事務が除外されている。
① 自治事務　ⅰ労働争議のあっせん、調停及び仲裁その他労働委員会の権限に属する事務（その組織に関する事務及び庶務を除く。）、ⅱ収用に関する裁決その他収用委員会の権限に属する事務（その組織に関する事務及び庶務を除く。）
② 法定受託事務　ⅰ国の安全を害するおそれがある事項に関する事務（その国の安全をおそれのある部分に限る。）、ⅱ個人の秘密を害することとなる事項に関する事務（その個人の秘密を害することとなる部分に限る。）、ⅲ収用に関する裁決その他収用委員会の権限に属する事務

2　調査の種類

　普通地方公共団体の議会の権限は広範に及ぶので、普通地方公共団体の事務に属する限り、調査権の範囲も広範であり、次の3つに分類されている。ⅰ現に議題になっている事項又は将来議題になるべき基礎事項に関する調査（議案調査）、ⅱその普通地方公共団体において問題になっている事件についてその実情を明らかにするための調査（政治調査）、ⅲ普通地方公共団体の重要な事務の執行状況を審査する必要のある場合の調査（事務調査）。

　なお、警察事務は、都道府県の事務であるから、都道府県議会の調査の対象となり得るが、具体的な犯罪の捜査等に関する調査を行うことは、公共の福祉の点から特に慎重であるべきである。また、普通地方公共団体が出資している会社や財政的援助の性質を持つ負担金を支出している団体に対して、出資金や負担金の行政効果を調査することは、可能であると解されている。これに対し、既に執行済みの選挙や議会解散請求の署名についてその正否を調査することは、調査権の範囲を逸脱していると解されている。

[27] 議会の調査権 2

【発展】普通地方公共団体の議会の調査権は、どのように行使されるのか。

1　出頭・証言又は記録の提出の請求（100条1・2項）
① 対象者　出頭・証言又は記録の提出を請求することができるのは、「選挙人その他の関係人」であるが、これは、その調査の対象と関係のある全ての人を意味する。その普通地方公共団体の住民に限らないし、国の行政機関の職員も対象者となり得る。また、記録の提出を請求することができるのは、自然人に限らず、法人も含まれる。
② 証言を請求する手続　原則として、民事訴訟法の証人の訊問に関する規定（証言の拒絶に関する事項、宣誓に関する事項等）が準用される。したがって、証言の内容が証人又は証人の親族等が刑事訴追又は有罪判決を受けるおそれがある事項に関する場合等には、証言を拒むことができる。

2　調査に関する罰則（100条3・7～9項）
① 記録の不提出、証言の拒否等　出頭又は記録の提出の請求を受けた関係人が、正当な理由がないのに、ⅰ出頭せず、ⅱ記録を提出せず、ⅲ証言を拒んだときは、6か月以下の禁錮又は10万円以下の罰金に処せられる。
② 虚偽の陳述　証言に際し宣誓した関係人が虚偽の陳述をしたときは、3月以上5年以下の禁錮に処せられる。ただし、議会において調査が終了した旨の議決がある前に、虚偽の陳述を自白したときは、刑が減軽又は免除されることがある。
　議会は、関係人が①又は②の罪を犯したと認めるときは、告発しなければならない。ただし、議会において調査が終了した旨の議決がある前に、関係人が②の虚偽の陳述を自白したときは、告発しないことができる。

3 公務員たる地位において知り得た秘密に関する証言又は記録の提出（100条4〜6項）

関係人が公務員たる地位において知り得た事実については、ⅰ議会は、その者から職務上の秘密に属するものである旨の申立てを受けたときは、その公務員の属する官公署の承認がなければ、証言又は記録の提出を受けることができない。ⅱその官公署は、ⅰの承認を拒むときは、その理由を疎明しなければならない。ⅲ議会は、ⅱの疎明を理由がないと認めるときは、その官公署に対し、証言又は記録の提出が公の利益を害する旨の声明を要求することができる。ⅳ関係人は、その官公署がⅲの要求を受けた日から20日以内に声明をしないときは、証言又は記録の提出をしなければならない。

4 調査のための経費（100条11項）

議会は、この調査を行う場合、あらかじめ、予算の定額の範囲内において、その調査のために要する経費を定めておかなければならず、その額を超えて経費の支出を必要とするときは、さらに議決を経なければならない。

5 団体等に対する照会・記録の送付（100条10項）

議会は、この調査を行うため、その普通地方公共団体の区域内の団体等（地方公共団体その他の公法人、営利を目的とする会社その他の法人等）に対して、照会をし、又は記録の送付を求めることができる。請求された団体等はこれに応じなければならない。

6 調査の終了

この調査が終了した場合には、議会において調査が終了した旨の議決を行うことになっており、一般には、委員会が調査を行った場合、その委員会からの議会への報告の形で行われる。

[28] 政務活動費

【基本】政務活動費とは、何か。誰に交付されるのか。

1　政務活動費の意義（100条14項）

　政務活動費とは、普通地方公共団体の議会の議員の調査研究その他の活動に資するため必要な経費の一部として、その議会における会派又は議員に対し交付される金銭である。

　政務活動費を交付するか否かは、その普通地方公共団体の判断に委ねられており、これを交付する場合は、条例で定めなければならない。

2　政務活動費の交付の対象（100条14項）

　政務活動費を交付する対象は、会派又は議員個人である。そのいずれに交付するかは、条例で定める。なお、「会派」とは、議会内に形成された議員の同士的集合体（平19・2・9札幌高判）であり、必ずしも政党とは同一ではない。

【基本】政務活動費は、どのような活動のための経費に充てることができるか。その範囲は、どのように定めるのか。

1　政務活動費の使途（100条14項）

　政務活動費を充てることができるのは、議員としての「調査研究その他の活動」のための経費である。すなわち、議員又は会派としての調査研究活動のための経費のほか、議員又は会派としての会議の開催、要請陳情、研修等の活動のための経費が政務活動費の対象となる。

　これに対し、ⅰ議員としての活動には含まれない政治活動、選挙運動、後援会活動や私人としての活動のための経費は、政務活動費の対象とならない。また、ⅱ議会の会議や委員会への出席、議員派遣等の議員がその職務を行うための経費は、費用弁償の対象となり（203条2項）、政務活動の対象とはならない。なお、あ

重要度 ★☆☆

る支出が政務活動のためでもあるし、ⅱの議員の後援会活動のためでもある場合は、社会通念に従った相当な割合をもって政務調査費（平成24年改正前の名称）を確定すべきとする裁判例（平19・4・26仙台高判）がある。

2　政務活動費を充てることができる経費の範囲（100条14項）

政務活動費を充てることができる経費の範囲は、条例で定めなければならない。

【基本】政務活動費の適正な使用のために、どのような定めがあるのか。

政務活動費の適正な使用のために、次の規定が設けられている（100条14〜16項）。

① 条例に基づく交付　既に述べたように、普通地方公共団体が政務活動費を交付する場合には、条例で定めなければならず、ⅰ政務活動費の交付の対象、額及び交付の方法、ⅱ政務活動費を充てることができる経費の範囲についても、条例で定めなければならない。

② 政務活動費に係る報告書の提出　政務活動費の交付を受けた会派又は議員は、条例の定めるところにより、当該政務活動費に係る収入及び支出の報告書を議長に提出しなければならない。

③ 使途の透明性の確保　議長は、政務活動費について、その使途の透明性の確保に努めなければならない。具体的には、②の報告書の議会事務局における閲覧やウェブサイトへの掲載のほか、政務活動費に係る会計帳簿、領収書等の提出及び公開等が考えられる。

[29] 会議の招集・会期 1

【基本】 普通地方公共団体の議会は、誰がどのように招集するのか。

1 議会の招集
　議会の招集とは、議会の議員に対し、日時及び場所を示して集合すべきことを要求する行為をいう。普通地方公共団体の議会は、招集がなされることによりはじめて活動能力を取得する。

2 議会の招集権（101条1項）
　普通地方公共団体の議会を招集することができるのは、その普通地方公共団体の長である。長の招集に基づかないで議員による会議を開いても、議会の活動とはいえない。

3 議会を招集する場合（101条2～6項）
　普通地方公共団体の長が議会を招集するのは、次の場合である。
① 長が自ら必要性を認めて招集する場合
② 議長が、議会運営委員会の議決を経て、普通地方公共団体の長に対し、会議に付議すべき事件を示して臨時会の招集を請求した場合
③ 議員定数の4分の1以上の者が、普通地方公共団体の長に対し、会議に付議すべき事件を示して臨時会の招集を請求した場合

　普通地方公共団体の長は、②又は③の請求があったときは、請求のあった日から20日以内に臨時会を招集しなければならない。長がこの期間に臨時会を招集しないときは、2の例外として、②の請求の場合は、議長が臨時会を招集することができ、③の請求の場合は、議長は、請求をした者の申出に基づき、その申出のあった日から、都道府県及び市は10日以内、町村は6日以内に、臨時会を招集しなければならない。

4 議会の招集の告示（101条7項）
　議会の招集は、その開会の日から、都道府県及び市は7日前ま

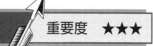

で(中6日)、町村は3日前まで(中2日)に、告示しなければならない。ただし、緊急の場合は、これらの日までに告示することを要しないが、招集の告示自体は必要である。

【基本】普通地方公共団体の議会は、どのような種類があるのか。また、その会期等は、どのように決まるのか。

1 普通地方公共団体の議会の種類(102条1〜6項)

普通地方公共団体の議会には、次の種類がある。
① 定例会 毎年、条例で定める回数を招集する。
② 臨時会 必要がある場合に、その事件に限り招集する。臨時会に付議すべき事件は、普通地方公共団体の長があらかじめ告示しなければならない(議長が臨時会を招集する場合には、議長がこれを告示しなければならない)。

ただし、臨時会の開会中に緊急を要する事件があるときは、臨時会の招集及び告示をすることなく、直ちにその事件を会議に付議することができる。

2 議会の会期、会期の延長及び議会の開閉(102条7項)

ⅰ議会の会期とは、招集された議会がその活動を行う期間をいい、ⅱ会期の延長とは、既に決定された会期よりも議会の活動を行う期間を延長することをいい、ⅲ議会の開閉とは、議会が会議を開き、活動能力を持つこと及び会期における活動を終えることをいう。ⅰ〜ⅲは、いずれも議会が定める。すなわち、議会の招集は、普通地方公共団体の長の権限であるが、招集された後の議会の運営については、議会が自主的に決定する権限を有している。なお、会期の日数や会期の延長の回数について、法令の制限はない。

[30]　会議の招集・会期2

【基本】会期とはどのような制度か。また、会期に関しどのような原則があるのか。

1　会期制

　普通地方公共団体の議会は、執行機関のように常時活動する機関ではなく、期間を限って活動する機関であり、議会が活動するものとされる期間が会期である（[29]参照）。会期の決定は、会期の初日になされ、通常、議会の開会の冒頭に決定される。

2　会期制に伴う原則

① 　会期不継続の原則　普通地方公共団体の議会は、会期を単位として活動能力を有することから、その会期中に議決に至らなかった事件は、次の会期には継続しない（119条）。これを会期不継続の原則という。

　ただし、常任委員会等の委員会においては、委員会は、議会の議決により付議された特定の事件については、議会の閉会中も、なお審査することができる（109条8項）。

② 　一事不再議の原則　普通地方公共団体の議会において議決された事件については、その同一会期中は再び提出し、又は審議することはできない。これを一事不再議の原則という。この原則は、地方自治法には規定されていないが、議会の会議を円滑かつ合理的に運営するための一般的な原則であり、一般に、議会の会議規則に定められている。

【発展】通年の会期とはどのような制度か。

　通年の会期とは、次の制度をいう（102条の2）。

① 　意義　普通地方公共団体の議会は、条例で定めるところにより、定例会及び臨時会とせず、毎年、条例で定める日から翌年の当該日の前日までを会期とすることができ、これを通年の会

重要度 ★☆☆

期という。
② 招集及び会期　通年の会期の制度をとる議会は、①の条例で定める日の到来をもって、その日に普通地方公共団体の長が議会を招集したものとみなされる。

ただし、議会の一般選挙が行われたときは、普通地方公共団体の長は、一般選挙により選出された議員の任期が始まる日から30日以内に議会を招集しなければならない。この場合の会期は、その招集の日からその日後の最初の①の条例で定める日の前日までとなる。

また、ⅰ議員の任期が満了したとき、ⅱ議会が解散されたとき、ⅲ議員が全てなくなったときは、これらの日をもって会期が終了する。

③ 定例日　通年の会期の制度をとる議会は、条例で、定期的に会議を開く日（定例日）を定めなければならない。

普通地方公共団体の長は、議会の議長に対し、会議に付議すべき事件を示して定例日以外の日において会議を開くことを請求することができる。この場合、議長は、この請求のあった日から、都道府県及び市は7日以内、町村は3日以内に会議を開かなければならない。

④ 会期制に伴う原則　通年の会期の制度をとる場合でも、会期制をとることに変わりないから、会期不継続の原則が適用される。また、一事不再議の原則についても、議決後に特別の事情の変更がない限り、適用されると解されている。

⑤ 長その他の職員の出席　通年の会期の制度をとる場合、議長は、普通地方公共団体の長その他の職員に議場への出席を求めるに当たっては（[33] 参照）、普通地方公共団体の執行機関の事務に支障を及ぼすことのないよう配慮しなければならない。

[31] 議長・副議長

【基本】議長及び副議長は、どのような地位で、どのような職務か。

1 議長・副議長の地位（103条1項）

普通地方公共団体の議会は、合議体の機関であるため、議事を主宰するとともに、対外的に議会を代表する機関が必要である。このため、議会に議長及び副議長が置かれる。

2 議長の職務（104条～105条の2）

① 議会内部における職務　次のとおりである。

　i　議場の秩序を保持すること　議場の秩序保持のために、㋐議場の秩序を乱す等の議員の制止、発言の取消し、発言の禁止又は退去命令（129条1項）、㋑議場の整理が困難である場合の会議の終了又は中止（129条2項）、㋒会議を妨害する傍聴人の制止、退場、警察官への引渡し（130条1項）、㋓傍聴席が騒がしい場合の全ての傍聴人の退場（130条2項）等の紀律に関する権限を有している（[38] 参照）。

　ii　議事を整理すること　会議規則に基づいて、開議・散会・延会・休憩等の宣言、議題の宣言、発言の許可、質疑・討論の終結の宣言、表決等、会議における一連の議事を整理する権限を有している。

　iii　議会の事務を統理すること　議会に関する事務を全般的につかさどる。その事務は、議会事務局を置く場合は事務局長を、これを置かない場合は書記長を指揮監督して行う。

② 対外的な職務　議会を代表することである。具体的には、㋐議会の意見書の提出（99条）、㋑関係人の出頭・証言及び記録の提出の請求（100条1項）、㋒公聴会の開催・参考人の出頭要求（115条の2）、㋓請願の受理（124条）等については、議長の名前で行う。

　また、普通地方公共団体の議会又は議長の処分又は裁決に係

 重要度 ★☆☆

る普通地方公共団体を被告とする訴訟については、議長がその普通地方公共団体を代表する。
③ **委員会への出席** 議会のいずれの委員会にも出席し、発言することができる。ただし、議決に加わることはできない。

3 副議長の職務（106条1項）

副議長は、議長に事故があるとき、又は議長が欠けたときは、議長の職務を行う。

【基本】議長・副議長の選出、辞任等はどのよう行うのか。

1 議長・副議長の選出・任期

議長・副議長は、普通地方公共団体の議会の議員の中から、それぞれ1人を選挙して選出する。

議長・副議長の任期は、議員の任期である。議員の任期が議会の解散等により終了したときは、議長・副議長の地位も失う。

議長・副議長は、議会の許可を得て辞職することができる。ただし、副議長は、議会の閉会中は、議長の許可を得て辞職することができる。

2 仮議長・臨時議長（106条2・3項・107条）

① **仮議長** 議長に事故があるときは、副議長が議長の職務を行うが、議長及び副議長にともに事故があるときは、仮議長を選挙し、仮議長が、議長の職務を行う。仮議長の選任は、議長に委任することもできる。

② **臨時議長** ⅰ議長が欠けたため議長を選挙するときは、副議長が議長の職務を行うが、副議長も欠け、又は副議長に事故があるときは、年長の議員が臨時に議長の職務を行う。また、ⅱ一般選挙後の最初の議会で議長を選挙する場合、ⅲ仮議長を選挙する場合も、同じである。

[32] 会議の運営

【基本】普通地方公共団体の議会の会議の運営について、どのように定められているのか。

　普通地方公共団体の議会においては、議会としての意思の決定は、議員全員で組織する会議（本会議）において行う。このため、地方自治法には、会議を開く権限及び会議を開くための要件（定足数）が定められ、表決の要件として多数決の原則が定められている。なお、多数決の前提として、議員による自由な討議が行われ、審理が尽されるべきこと（審議の原理）は、当然である。また、会議の内容を住民に明らかにするため会議の公開の原則が定められ、会議録の作成が義務付けられている。

　これに対し、議会の委員会（[35] 参照）は、議会の内部組織として会議で審議する事件の予備審査を行うものであり、定足数、表決等、委員会に関し必要な事項は、条例で定められる。

　このほか、議会は、会議規則の定めるところにより、議案の審査又は会議の運営に関し協議又は調整を行うための場を設けることができる（100条12項）。

【基本】普通地方公共団体の議会の会議は、誰がどのような要件で開くのか。

1　会議の開閉の権限（104条・114条）

　普通地方公共団体の議会の会議を開会し、閉会する権限は、議長にある。ただし、次の例外がある。

① 議員の定数の半数以上の者から請求がある場合　その日の会議を開かなければならない。
② ①の場合又は議員の中に異議がある場合　会議の議決によらない限り、その日の会議を閉じ、又は中止することができない。

2 定足数（113条）

議会は、議員定数の半数以上が出席しなければ、会議を開くことができない。これを定足数という。定足数は、会議を継続し、議決等を行うための要件でもあると解されている。ただし、次の場合には、定足数を欠いても会議を開くことができる。

① 議長又は議員の除斥（[34] 参照）のために半数に達しない場合
② 特定の同一の事件につき臨時会を再度招集しても、なお招集に応じる議員が半数に達しない場合
③ 議会の招集に応じても出席議員が定足数を欠き、ⅰ議長が出席を催告してもなお半数に達しない場合、又はⅱ議長の催告により半数に達したがその後に半数に達しなくなった場合

3 会議の公開等（115条・123条）

① **会議の公開** 議会の会議は、公開しなければならない。ただし、議長又は議員3人以上の発議により、出席議員の3分の2以上の多数で議決したときは、秘密会を開くことができる。秘密会の発議は、討論を行わないで議決しなければならない。

② **会議録の作成** 議長は、事務局長又は書記長（書記長を置かない町村は書記）に、書面又は電磁的記録（デジタルデータ）により会議録を作成させ、会議の次第及び出席議員の氏名の記載又は記録をさせなければならない。会議録は、議事資料の保存のためだけではなく、住民等の閲覧に供し、会議の公開の原則を全うする趣旨のものと解されている。

なお、会議録には、議長及び議会で定めた2人以上の議員が署名する。議長は、会議録の写し（電磁的記録による会議録は、記録事項を記載した書面又は記録した磁気ディスク等）を添えて会議の結果を普通地方公共団体の長に報告する。

[33] 議案の審議

【基本】普通地方公共団体の議会には、誰がどのような議案を提出することができるのか。

次の者は、それぞれ次の要件で議会に議案を提出することができる。議案の提出は、文書によって行う。
① 議員（112条） 議会の議決すべき事件（予算を除く。）の議案。議案を提出するには、議員の定数の12分の1以上の者の賛成がなければならない。
② 委員会（109条6項） 議会の議決すべき事件（予算を除く。）のうちその部門に属するその普通地方公共団体の事務に関するものの議案
③ 普通地方公共団体の長 議会の議決すべき事件の議案

明文の規定はないが、議案の性質上、①又は②にだけ提出権があるもの（委員会条例、議会事務局条例、議会事務局職員の定数条例、懲罰等）、③にだけ提出権があるもの（支庁等又は支所等の設置、長の直近下位の内部組織の設置等）がある。

【基本】普通地方公共団体の議会において、議案はどのように審議されるのか。

1 審議の手続の概要

普通地方公共団体の議会における審議の手続は、会議規則に定められるが、一般に、次のような手続とされている。

まず、会議において、議長が会議事件を議題とすることを宣言し、議案の提出者の説明を聴き、質疑があるときは質疑を行う。その後、委員会制度をとる議会においては、議会の議決で委員会に付託する。ただし、委員会が提出した議案等は、原則として委員会に付託しない。委員会に付託した事件は、委員長がその経過及び結果を会議に報告し、その後、議長は、事件を討論に付し、その終結の後、表決に付する。

重要度 ★★☆

2 修正の動議（115条の3）

議案に対し、議員定数の12分の1以上の発議により、修正の動議を提出することができる。ただし、委員会において修正すべきものと決定され、その旨を委員長が会議に報告した場合には、修正の動議が提出されなくても、その報告を議題として審議することができると解されている。なお、委員会における修正の動議には、上記の制限はなく、会議規則等に定めるところによる。

3 公聴会・参考人（115条の2）

① **公聴会** 会議において、予算その他重要な議案、請願等について公聴会を開き、真に利害関係を有する者又は学識経験を有する者等から意見を聴くことができる。

② **参考人** 会議において、その普通地方公共団体の事務に関する調査又は審査のため必要があると認めるときは、参考人の出頭を求め、その意見を聴くことができる。

4 長及び委員長等の出席・説明書の提出（121・122条）

① **出席** 普通地方公共団体の長及び法律に基づく委員会の代表者又は委員並びにその委任又は嘱託を受けた者は、議会の審議に必要な説明のため議長から出席を求められたときは、議場に出席しなければならない。ただし、出席すべき日時に議場に出席できないことについて正当な理由がある場合に、その旨を議長に届け出たときは、この出席義務は免除される。

また、通年の会期の制度（［30］参照）をとる議会の議長は、議場への出席の要求に当たっては、普通地方公共団体の執行機関の事務に支障を及ぼさないよう配慮しなければならない。

② **説明書の提出** 普通地方公共団体の長は、議会に、予算に関する説明書その他その普通地方公共団体の事務に関する説明書を提出しなければならない。

[34] 議案の表決

【基本】 普通地方公共団体の議会において、議案の表決は、どのように行われるのか。

1 表決の手続

普通地方公共団体の議会における表決の手続は、会議規則に定められるが、一般に、次のような手続とされている。

会議において表決を行うときは、まず議長がその旨を宣告する。表決は、可とする者を起立させるが、一定の場合には記名投票又は無記名投票を行うほか、会議に異議の有無を諮り異議がないと認めたときは可決とすることができる。

表決は、修正案が提出されているときは、まず修正案について行い、その後に原案（修正案が可決された場合は、修正部分を除く原案）について行う。なお、予算は、長の予算提出権を侵さない限りにおいて、増額して修正することができる（97条2項）。

2 表決（116条）

① **多数決の原則** 普通地方公共団体の議会の議事は、地方自治法に特別の定めがある場合を除き、ⅰ出席議員の過半数で決し（多数決）、ⅱ可否同数のときは議長の決するところによる（裁決権）。

ⅰの場合には、議長は、議員として議決に加わる権利を有しない。このため、出席議員の数に含まない。また、出席議員は、採決の際に議場にいる議員で、適法に表決権を有している議員をいい、除斥事由に該当し、議会の同意を得て発言するために出席した議員を含まない。

② **特別多数議決** 地方自治法に特別の定めがある場合は、①によらず、その定めに従う。この場合、議長は、出席議員に含まれ、議決に加わる権利を有するが、裁決権はない。

重要度 ★★★

【基本】議長・議員が議事に参加できない場合はあるか。

普通地方公共団体の議会において、㋐議長・議員本人、㋑議長・議員の父母、祖父母、配偶者、子、孫又は兄弟姉妹について、ⅰその一身上に関する事件、ⅱその従事する業務に直接の利害関係のある事件については、その議事に参与することができない（会議に出席することができない）。これを除斥という。ただし、議会の同意があったときは、会議に出席し、発言することができるが、議決に加わることはできない（117条）。なお、委員会は、この規定の対象となっていないが、一般に、委員会条例に除斥の規定が置かれている。

【発展】特別多数議決を行う場合は、どのような場合か。

① 出席議員の3分の2以上の賛成を要する場合　ⅰ普通地方公共団体の事務所の位置を定める条例の制定・改廃（［43］参照）、ⅱ秘密会の開会（［32］参照）、ⅲ議員の資格喪失の決定（［37］参照）、ⅳ長が異議があるとして再議に付した議決（条例の制定・改廃又は予算に関するものに限る。）について行う同じ議決（［47］参照）、ⅴ条例で定める特に重要な公の施設の廃止又は長期独占的利用の同意（［84］参照）

② 議員の3分の2以上が出席し、出席議員の4分の3以上の賛成を要する場合　ⅰ直接請求による副知事・副市町村長等の解職の議決（［13］参照）、ⅱ議員の除名の議決（［38］参照）、ⅲ長の不信任の議決（不信任議決により解散された後最初の議会において再び不信任の議決をする場合は、出席議員の過半数）（［49］参照）

③ 議員の4分の3以上が出席し、出席議員の5分の4以上の賛成を要する場合　議会の解散（［36］参照）

[35] 委員会

【基本】普通地方公共団体の議会の委員会とは何か。

　普通地方公共団体の議会の委員会とは、議会に置かれ、議員をもって構成される合議制の機関であり、会議で審議する事件の予備審査を行うことを主な任務とする。委員会は、議会の内部機関であり、議会と独立して意思決定をする機関ではない。

　委員会の制度は、国会においては法律で設けられているが、普通地方公共団体においては、法律上は必置とされておらず、条例で置くことができる（109条1項）。ただし、普通地方公共団体の議会においても委員会を設けることが一般的である。

【基本】普通地方公共団体の議会には、どのような委員会があり、どのような事項を所管するのか。

　普通地方公共団体の議会は、条例で、次の委員会を置くことができる（109条1～4項）。なお、①及び②は常設の委員会である。
① 　常任委員会　ⅰその部門に属する当該普通地方公共団体の事務に関する調査を行うとともに、ⅱ会議において付託された議案、請願等を審査する。なお、ⅰの調査は、常任委員会固有の権能としての調査であり、議会の調査権（100条1項）に基づくものではない（[26]参照）。

　議会に設置する常任委員会の数及び普通地方公共団体の事務のどのような部門を振り分けるかについて制限はなく、普通地方公共団体がその必要に応じて条例で定める。
② 　議会運営委員会　ⅰ議会の運営に関する事項、ⅱ議会の会議規則、委員会に関する条例等に関する事項、ⅲ議長の諮問に関する事項に関する調査を行い、議案、請願等を審査する。
③ 　特別委員会　議会の議決により付議された事件を審査する。特別委員会を設けるのは、例えば、2以上の常任委員会の所掌

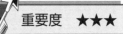

に属する事件、特に重要であるため特別の構成員によって調査審議を行う必要のある事件、常任委員会の所掌に属しない事件等を審議する場合である。特別委員会は、付議された特定の事件を審議するための委員会であるから、その事件の審議が終了すれば会期中でも消滅するほか、会期中に審議が終わらなかったときは会期の終了とともに当然に消滅する。

【基本】委員会は、どのような権限を有し、どのように活動するのか。

　地方自治法は、委員会の設置、権限及び活動の基本的事項を定めており、そのほか、委員の選任・任期、会議の招集、定足数、表決、紀律等、委員会に関し必要な事項は、条例で定める（109条9項）。

1　委員会の権限（109条5・6項）

　委員会は、ⅰ予算その他重要な議案、請願等について公聴会を開き、真に利害関係を有する者又は学識経験者等から意見を聴くことができる。また、ⅱ調査審議のため必要があると認めるときは、参考人の出頭を求め、その意見を聴くことができる。さらに、ⅲ議会の議決すべき事件（予算を除く。）のうちその部門に属するその普通地方公共団体の事務に関するものについて、文書をもって、議会に議案を提出することができる。

2　委員会の活動（109条8項）

　委員会は、議会の内部機関であるから会期中に活動することを原則とするが、議会の議決により付議された特定の事件については、閉会中にも審査することができる。この事件は、次の会期でも継続して審査し、議決することができると解されており、会期不継続の原則（［30］参照）の例外とされている。

[36] 議員 1

【基本】普通地方公共団体の議会の議員の地位とその職責は、どのようなものか。また、どのような身分か。

1 普通地方公共団体の議会の議員の地位及び職責

普通地方公共団体の議会の議員は、普通地方公共団体の議事機関である議会の構成員であり、普通地方公共団体の住民の直接選挙によって選出される（憲法93条）。

普通地方公共団体の議会の議員は、議会の構成員として、住民を代表して、その意思を普通地方公共団体の行政に反映させるべき職責を有しているとともに、そのことについて直接住民に対して責任を負っている。すなわち、議員の任期ごとに行われる一般選挙により信を問われるほか、住民の直接請求による議会の解散又は議員の解職が認められている（[12] 参照）。また、国会議員のような、議院における演説、討論又は表決について院外で責任を問われない旨の規定（憲法51条）はなく、これらは、国会議員と比較してより具体的に住民の意思に忠実であることが求められていることを意味する。

2 普通地方公共団体の議会の議員の身分

普通地方公共団体の議会の議員は、特別職の地方公務員（地公法3条3項1号）であり、勤務条件等について地方公務員法の適用を受けない。また、議員は、条例で定めるところにより議員報酬の支給を受けるほか、条例で定める場合には期末手当の支給を受けることができる。さらに、職務を行うために要する費用の弁償を受けることができる。これらの額及び支給方法は、条例で定める（[59] 参照）。

【基本】議員の定数は、どのように定められているのか。

普通地方公共団体の議会の議員の定数は、条例で定める。

　定数の変更は、一般選挙の場合でなければ行うことができないが、都道府県の自主的合併により著しく人口が増加した場合と市町村の廃置分合又は境界変更により著しく人口が増減した場合は、議員の任期中に行うことができる（90・91条）。

【基本】議員の任期は何年で、どのような場合に失職するか。

1　普通地方公共団体の議会の議員の任期

　普通地方公共団体の議会の議員の任期は4年である（93条）。この任期は、一般選挙の行われた日から起算するが、任期満了前に一般選挙が行われた場合には、前任者の任期満了日の翌日から起算する。補欠選挙又は増員選挙による議員は、一般選挙による議員の任期満了の日まで在任する（公選法258・260条）。

2　普通地方公共団体の議会の議員が失職する場合

　普通地方公共団体の議会の議員は、次の事由がある場合には、任期中であってもその職を失う。

① 　辞職する場合（126条）　議会の許可（議会の閉会中は議長の許可）を得て、辞職することができる。

② 　議員個人が失職する場合　ⅰ解職請求に基づく投票で過半数の同意があった場合（［12］参照）、ⅱ兼業禁止規定に該当する旨又は被選挙権を有しない旨の議会の決定があった場合（［37］参照）、ⅲ懲罰で除名の議決があった場合（［38］参照）、ⅳ公選法の規定により選挙無効又は当選無効が確定した場合

③ 　議会が解散される場合　ⅰ議会の解散請求に基づく投票で過半数の同意があった場合（［12］参照）、ⅱ長の不信任の議決に対し長が議会を解散した場合（［49］参照）、ⅲ議員数の4分の3以上が出席し、その5分の4以上の者の同意により議会の解散を議決した場合（議会解散特例法2条）

[37] 議員2

【基本】普通地方公共団体の議会の議員がその地位にあることで、どのような制約を受けるのか。

　普通地方公共団体の議会の議員は、非常勤の特別職の職員であり、原則として他の職を兼ねることができる。しかしながら、議員としての職務を完全に果たすために妨げとなるような一定の職については、これと兼ねることが禁止されている（兼職の禁止）。また、議員は、その普通地方公共団体の事務の執行に影響力を及ぼすことのできる地位にあるため、普通地方公共団体の事務の公正な執行を確保するため、その普通地方公共団体の事務と関連する一定の業務との兼業等が禁止されている（兼業等の禁止）。

【発展】議員の兼職禁止の対象となる職は何か。また、その職に就いた場合、どのような効果があるか。

1　兼職禁止の対象となる職（92条）

　普通地方公共団体の議会の議員の兼職禁止の対象となる職は、ⅰ衆議院議員・参議院議員、ⅱ他の地方公共団体の議会の議員、ⅲ地方公共団体の常勤の職員・短時間勤務職員である。ただし、ⅱは、その普通地方公共団体が組織する一部事務組合又は広域連合の議会の議員とは兼職することができる（287条2項・291条の4第4項）。また、ⅲは、全ての地方公共団体を含み、また、一般職か特別職かを問わない。

　このほか、ⅳ選挙管理委員（182条7項）、人事委員会・公平委員会の委員（地公法9条の2第9項）、教育委員会の教育長・委員（地教行法6条）等の行政委員会の委員やⅴ裁判官（裁判所法52条1号）との兼職も禁止されている。

2　兼職の効果

　兼職禁止の規定に違反して兼職した場合の効果は、地方自治法

に規定されていない。しかし、公職選挙法に、臨時・非常勤の職を除く国又は地方公共団体の公務員が在職のまま立候補することが禁止され、立候補した場合はその職を辞職したものとみなされ（89・90条）、また、議員との兼職が禁止されている職にある者が当選した場合はその職を辞したものとみなされる（103条1項）等が規定されている。

【発展】議員の兼業禁止の対象となる業務等は何か。また、その業務等に就いた場合、どのような効果があるか。

1 兼業等の禁止の対象となる業務等（92条の2）

普通地方公共団体の議会の議員は、ⅰその普通地方公共団体に対して請負をする者又はその者の支配人、ⅱ主としてその普通地方公共団体に対して請負をする法人の役員等（㋐無限責任社員、取締役、執行役、監査役、㋑㋐に準ずる者、㋒支配人、㋓清算人）であることが禁止されている。ここでいう「請負」は、民法上の請負よりも広く、その議員の公正な職務の執行や事務執行の適正が危ぶまれる契約、すなわち営利性を有し、反復・継続性のある契約が広く含まれるものと解されている。

2 兼業等の効果（127条）

議員が兼業禁止に該当する場合は、失職する。兼業禁止に該当するか否かは、議会において、出席議員の3分の2以上の多数によって決定する。この議事では、当該議員は除斥され（［34］参照）、原則として議事に参与することができない。

なお、普通地方公共団体の議会の議員の選挙の当選人で、兼業禁止規定に該当する者は、選挙管理委員会に対し、当選の告知を受けた日から5日以内に兼業関係を有しなくなった旨の届出をしないときは、当選を失う（公選法104条）。

[38] 紀律・懲罰

【基本】普通地方公共団体の議会の会議の紀律は、どのように保持されるのか。

1 紀律の保持に関する議長の権限（129・130条）

普通地方公共団体の議会の議場の紀律の保持は、議事の主宰者たる議長の職務であり（[31]参照）、議長には議会の会議中に次の権限が与えられている。

① 地方自治法又は会議規則に違反しその他議場の秩序を乱す議員があるとき　その議員に対し、ⅰ制止すること、ⅱ発言を取り消させること、ⅰ・ⅱの命令に従わないときに、その日の会議が終わるまで、ⅲ発言を禁止すること又はⅳ議場の外へ退去させることができる。

② 議場が騒然として整理することが困難であると認めるときその日の会議を閉じ、又は中止することができる。

③ 傍聴人が公然と可否を表明し、又は騒ぎ立てる等、会議を妨害するとき　その者に対し、ⅰ制止すること、ⅱⅰの命令に従わないときに退場させること、ⅲ必要があるときに警察官に引き渡すことができる。

④ 傍聴席が騒がしいとき　全ての傍聴人を退場させることができる。

また、議長は、会議の傍聴に関する規則（議会傍聴規則）を設けなければならない。

なお、委員会における紀律は、委員会条例等に定められる。

2 紀律の保持に関する議員の権限・義務（131～133条）

議員は、ⅰ議場の秩序を乱し又は会議を妨害するものがあるときは、議長の注意を喚起することができる。また、ⅱ議会の会議又は委員会において、無礼の言葉を使用し、又は他人の私生活にわたる言論をしてはならない。

ⅲ議会の会議又は委員会において侮辱を受けた議員は、侮辱を

行った議員に懲罰を科すことを議会に求めることができ、この場合には、議長はこれを議題としなければならない。

【基本】普通地方公共団体の議会における懲罰は、どのような場合に、どのような手続で行われるのか。

1 懲罰の事由・種類（134条・135条1項）

懲罰とは、普通地方公共団体の議会がその自律権に基づいてその議員に対して科する制裁をいう。議会は、地方自治法並びに会議規則及び委員会に関する条例に違反した議員に対し、議決により懲罰を科することができる。

懲罰には、ⅰ公開の議場における戒告、ⅱ公開の議場における陳謝、ⅲ一定期間の出席停止、ⅳ除名の4種類がある。

2 懲罰の手続（135条2・3項・136条）

懲罰の動議を議題とするには、議員定数の8分の1以上の者の発議を要する。ただし、ⅰ侮辱を受けた議員がこれを行った議員の懲罰を要求する場合は、その議員が単独で提案することができ、ⅱ議長が欠席議員の懲罰を要求する場合は、議長が単独で提案することができる。

懲罰の議決は、多数決による。ただし、除名については、議員の3分の2以上が出席し、その4分の3以上の者の同意を要する。なお、除名された議員が再び当選した場合は、これを拒むことができない。

3 欠席議員の懲罰（137条）

議員が、ⅰ正当な理由がなくて招集に応じないため、又はⅱ正当な理由がなくて会議に欠席したため、議長が特に招状を発してもなお正当な理由なく出席しない場合には、議長は、その議員に懲罰を科すことを議会に提案することができる。

確認問題

[23] 議会の意義・権限

1 ( ) 議会は、その住民の意思を代表する機関であるとともに、その地方公共団体における唯一の立法機関である。
2 ( ) 普通地方公共団体には、必ず議会を置かなければならず、これに代わる機関を置くことはできない。
3 ( ) 議会は、議事機関であり、その普通地方公共団体の事務の全てについて議決権の対象とすることができる。
4 ( ) 都道府県の議会には、事務局を置くが、市町村の議会には、条例の定めた場合に事務局を置くことができる。
5 ( ) 議会の職員は、普通地方公共団体の長が任免し、議長の命又は上司の指揮を受け、議会に関する事務に従事する。

[24] 議会の権限の種類と内容

1 ( ) 議会が行う選挙は、投票用紙に当該選挙の候補者1人の氏名を自書して投票する方法によらなければならない。
2 ( ) 議会は、普通地方公共団体の事務に関し、実地に調査して、書類の検閲等により事務を検査することができる。
3 ( ) 議会は、監査委員に対し、法定受託事務を除き、普通地方公共団体の事務に関する監査を求めることができる。
4 ( ) 議員の紹介により議会に請願書の提出があった場合でも、議会が措置できない事項に係るものは受理を要しない。
5 ( ) 議会が採択した請願を普通地方公共団体の長に送付したときは、その内容に従った処理をしなければならない。

解説

[23] Commentary

1 × 議会は、その地方公共団体の意思を決定する機関であって、唯一の立法機関ではない。
2 × 町村については、条例で、議会を置かず、選挙権を有する者の総会（町村総会）を設けることができる。
3 × 普通地方公共団体の事務のうち、一定の事項は、議会の議決権が及ばず、長その他の執行機関が自ら決定する。
4 ○ 記述のとおり。
5 × 議会の職員は、議長が任免する。

[24] Commentary

1 × 出席議員に異議がないときは、指名推選の方法を用いることができる。
2 × 書類及び計算書を検閲し、報告を請求して、検査することはできるが、実地調査をすることはできない。
3 × 法定受託事務のうち、国の安全を害するおそれがある等により監査の対象とすることが適当でない一定の事務のみが除かれる。
4 × 適法な手続による請願は、議会は、その内容いかんを問わず、受理しなければならない。
5 × 議会は、採択した請願を送付して、その処理の経過及び結果の報告を請求することができるが、その内容に従った措置をすることが義務付けられる訳ではない。

確認問題

[25] 議会の議決権

1 （ ） 議会の議決権は、合議体としての議会の意思決定を行う権利をいい、意見表明、調査等のための議決を含む。
2 （ ） 議会の議決権の対象となる事件は、法律に列挙されており、条例でこれを定めることはできない。
3 （ ） 予算を定めることは、議会の権限であるが、その際、議会は、これを増額して議決することができない。
4 （ ） 財産の取得又は処分は、議会の議決権の対象となるが、財産の寄附又は贈与を受けることは、その対象ではない。

[26]・[27] 議会の調査権

1 （ ） 議会の調査権の対象となるのは、普通地方公共団体の事務であり、法定受託事務も含まれる。
2 （ ） 議会の委員会は、議会の調査権を行使して、特に必要があると認めるときは記録の提出を求めることができる。

3 （ ） 議会の調査権により出頭及び証言を求めることができるのは、選挙人その他の関係する住民である。
4 （ ） 議会の調査権による調査において、宣誓した関係人が虚偽の陳述をしても、自白したときは、刑が科されない。

5 （ ） 議会の調査権により公務員に対し証言を求めるときは、当該官公署の承認を得なければならない。

6 （ ） 議会の調査権による調査を行う場合は、議会は、あらかじめその調査に要する経費の額を定めておかなければならない。

解説

[25]　Commentary

1　×　議会の議決権は、議会が普通地方公共団体の意思を決定する権限をいう。
2　×　条例で、普通地方公共団体に関する事件につき議会の議決すべきものを定めることができる。
3　×　議会は、長の予算提出権を侵さない範囲で、予算を増額して議決することができる。
4　×　条例で定められた財産の取得又は処分及び負担付きの寄附又は贈与を受けることは、議決権の対象である。

[26]・[27]　Commentary

1　○　記述のとおり。

2　×　この調査権はあくまで議会の権限であるから、委員会がこの権限を行使するには、議会による委任を必要とする。
3　×　出頭及び証言を求めることができるのは、選挙人その他の関係人であり、住民以外の者を含む。
4　×　議会が調査が終了した旨の議決をする前に、虚偽の陳述を自白したときは、刑が減軽又は免除されることがある。
5　×　その事実が職務上の秘密に属する旨の申立てを受けた場合には、当該官公署の承認を得なければならない。
6　○　予算の定額の範囲内において、その調査のため要する経費の額を定めておかなければならない。

確認問題

[28] 政務活動費

1 （ ） 政務活動費は、議会の議員の調査研究に資するため必要な経費の一部としてその議員に交付する金銭をいう。

2 （ ） 政務活動費を交付する場合は、額及び交付の方法並びにこれを充てることができる経費の範囲を条例で定める。

3 （ ） 議長は、会派又は議員から提出された政務活動費に係る収入及び支出の報告書を交表しなければならない。

[29]・[30] 会議の招集・会期

1 （ ） 普通地方公共団体の長は、毎年、4回を限度として条例で定める回数の定例会を招集することができる。

2 （ ） 普通地方公共団体の長は、必要がある場合に、その事件に限って臨時会を招集することができる。

3 （ ） 議会の定数の4分の1以上の者は、議長に対し、付議する事件を示して、臨時会の招集を請求することができる。

4 （ ） 議会の招集は、その開会の日から一定期日前までに告示しなければならないが、緊急の場合は告示を要しない。

5 （ ） 議会の定例会の会期は、あらかじめ条例で定め、臨時会の会期は、招集された日の冒頭に議会が定める。

6 （ ） 議会の会期中に議決に至らなかった事件は、次の会期には継続することはなく、全て廃案となる。

7 （ ） 通年の会期とは、条例で定めるところにより、議会が会期を設けず、通年にわたり開会することをいう。

解説

[28]

1 × 議会の議員の調査研究その他の活動に資するための経費の一部として議会の会派又は議員に交付する金銭である。
2 ○ なお、政務活動費の交付の対象も条例で定める。
3 × 議長は、政務活動費の使途の透明性の確保に努めるものとされているが、報告書の公表は義務付けられていない。

[29]・[30]

1 × 定例会の回数について、法律上の制限はなく、条例で定める。
2 ○ 記述のとおり。
3 × 臨時会の招集の請求は、普通地方公共団体の長に対してする。
4 × 緊急の場合には、一定期日前までに議会の招集の告示することを要しないが、招集の告示自体は必要である。
5 × 議会の会期及びその延長並びにその開閉に関する事項は、全て議会が定める。
6 × 委員会は、議会の議決により付議された特定の事件については、議会の閉会中も、なお審査することができる。
7 × 通年の会期とは、条例で定めるところにより、毎年、条例で定める日から翌年の当該日の前日までを会期とすることをいう。

確認問題

[31] 議長・副議長

1 （ ） 議長は、議場の秩序を保持し、議事を整理し、議会の事務を統理し、議会を代表する。
2 （ ） 副議長は、議長を補佐するとともに、議長に事故があるとき又は議長が欠けたときに、議長の職務を行う。
3 （ ） 議長は、会議において議決に加わることができず、また、いずれの委員会にも出席し、発言することができない。
4 （ ） 議長及び副議長は、議員の中から、それぞれ1人を選挙して選出し、その任期は条例で定める。

[32] 会議の運営

1 （ ） 議長は、議員の定数の半数以上の者から請求があるときは、その日の会議を開かなければならない。
2 （ ） 議会の会議を開くには、議員定数の半数以上の出席を要するが、これを欠いても会議を継続することができる。
3 （ ） 議長又は議員の除斥のために出席議員が議員定数の半数に達しない場合は、会議を開くことができる。
4 （ ） 議会の会議は、公開しなければならないが、審議事件が個人の秘密にわたる場合は、秘密会を開くことができる。

[33] 議案の審議

1 （ ） 議員が議会の議決すべき事件の議案を提出するには、議員の定数の12分の1以上の者の賛成を要する。
2 （ ） 普通地方公共団体の長は、議会の議決すべき事件の全てについてその議案を提出することができる。
3 （ ） 議案に対する修正の動議を提出する場合は、議員定数の12分の1以上の発議によらなければならない。

解説

[31]

1 ○ 記述のとおり。

2 × 副議長は、議長を補佐するとはされていない。

3 × 議長は、特別多数決の場合には、議決に加わる。また、いずれの委員会にも出席し、発言することができる。

4 × 議長及び副議長の任期は、議員の任期である。

[32]

1 ○ 記述のとおり。

2 × 定足数は、会議を継続し、議決等を行うための要件でもあると解されている。

3 ○ 記述のとおり。

4 × 審議事件のいかんにかかわらず、秘密会を開くことができる。

[33]

1 ○ 記述のとおり。

2 × 議案の性質上、委員会条例、議会事務局条例、懲罰等の議案を提出することはできない。

3 ○ 記述のとおり。

4（　）普通地方公共団体の長又はその委任を受けた者は、議案の審議の際には、常に議場に出席しなければならない。

[34] 議案の表決

1（　）議会の議事は、原則として、出席議員の過半数で決するが、出席議員には、除斥事由のある議員を含む。
2（　）地方自治法に表決について特別多数決による旨の定めがある場合でも、議長は、出席議員に含まれない。
3（　）除斥事由がある議員は、議会の同意がある場合は、会議に出席することができるが、発言することはできない。
4（　）市町村の本庁の位置を定める条例の議決は、出席議員の3分の2以上の賛成を要するが、支所の場合は多数決による。

[35] 委員会

1（　）議会には、常任委員会及び議会運営委員会を置かなければならず、また、特別委員会を置くことができる。
2（　）委員会の設置は、条例で定めるが、委員の選任その他委員会に関し必要な事項は、会議規則で定める。
3（　）常任委員会は、会議で付託された議案の審査のほか、その部門に属する事務に関する調査をすることができる。
4（　）特別委員会は、付議された事件の審議が終了すれば、会期中であっても消滅する。
5（　）委員会は、会期中に限り活動するが、特別委員会に限り、付議された事件を閉会中も審査することができる。
6（　）委員会は、議会において特に議決した事件については、公聴会を開き、又は参考人の意見を聴くことができる。

> 解説

4 × 議会の審議に必要な説明のため議長から出席を求められたときは、議場に出席しなければならない。

[34] Commentary

1 × 出席議員には、議長及び除斥事由のある議員は、含まない。
2 × 特別多数決による場合には、議長は、出席議員に含まれ、議決に加わる権利を有する。
3 × 除斥事由がある議員は、議会の同意があったときは、会議に出席し、発言することができる。
4 ○ 記述のとおり。

[35] Commentary

1 × いずれの委員会も、法律上、設置する義務はない。
2 × 委員会に関し必要な事項は、条例で定める。
3 ○ 記述のとおり。
4 ○ 記述のとおり。
5 × いずれの委員会も、議会の議決により付議された特定の事件については、閉会中にも審査することができる。
6 × 委員会は、予算その他重要な議案等について公聴会を開き、又は必要があると認めるときに参

確認問題

[36]・[37] 議員

1 ( ) 議員は、議会における演説、討論又は表決について議会外でその責任を問われることはない。
2 ( ) 議員の定数は、都道府県又は市町村ごとにその人口に応じて定められた数を超えない範囲内で、条例で定める。
3 ( ) 議員は、条例で定めるところにより、議員報酬のほか職務を行うために要する費用の弁償を受けることができる。
4 ( ) 議員は、議会の開会中に辞職する場合は、議会の許可を要するが、閉会中はいつでも辞職することができる。
5 ( ) 議員は、その地方公共団体の特別職のほか、非常勤の一般職(短時間勤務職員を除く。)と兼ねることができる。
6 ( ) 議員は、その普通地方公共団体に対し主として請負をする法人の従業員と兼ねることができない。

[38] 紀律・懲罰

1 ( ) 議長は、議場の秩序を乱す議員を制止することはできるが、議場の外へ退去させることはできない。
2 ( ) 議長は、騒ぎ立てる傍聴人を退場させることができるが、全ての傍聴人を退場させることはできない。
3 ( ) 委員会において侮辱を受けた議員は、単独で、侮辱を行った議員に対する懲罰の動議を提出することができる。
4 ( ) 議員に対する懲罰には、公開の議場における訓告、公開の議場における戒告及び一定期間の出席停止がある。

解説

考人の意見を聴くことができる。

[36]・[37]　Commentary

1　×　国会議員と異なり、記述のような特別の権利はない。
2　×　議員の定数について、上限の定めはなく、条例で定める。
3　○　記述のとおり。
4　×　議会の閉会中に辞職する場合は、議長の許可を得る必要がある。
5　×　一般職か特別職かを問わず、地方公共団体の常勤の職員・短時間勤務職員と兼職することはできない。
6　×　兼業が禁止されているのは、その普通地方公共団体に対し主として請負をする法人の役員である。

[38]　Commentary

1　×　議長の制止の命令に従わないときに、その日の会議が終わるまで、議場の外へ退去させることができる。
2　×　傍聴席が騒がしいときは、全ての傍聴人を退場させることができる。
3　○　記述のとおり。
4　×　懲罰には、公開の議場における戒告、公開の議場における陳謝、一定期間の出席停止及び除名の4種類がある。

確認問題

5 （ ）懲罰の動議を議決するには、議員の3分の2以上が出席し、その4分の3以上の者の同意を要する。

6 （ ）議長は、議員が正当な理由がなく会議に欠席したときは、その議員に対して懲罰を科すことができる。

解説

5　×　記述の特別多数決を要するのは、除名の議決に限り、その他の懲罰の議決は、多数決による。
6　×　正当な理由がなく会議に欠席し、議長が特に招状を発してもなお正当な理由なく出席しない場合に、懲罰を科すことを議会に提案することができる。

第7章 執行機関

[39] 執行機関の意義等

【基本】執行機関とは何か。また、普通地方公共団体の執行機関にはどのような特色があるか。

1 執行機関の意義 （138条の2・138条の4第1項）

執行機関とは、普通地方公共団体の事務を管理し、執行する機関をいう。また、執行機関は、その担任する事務について、その普通地方公共団体の意思を自ら決定し、表示する。

執行機関は、法律及びこれに基づく命令、条例、予算等に拘束されるほかは、その普通地方公共団体の事務を、自らの判断と責任において誠実に管理し、及び執行する義務がある。

普通地方公共団体には、その執行機関として、ⅰ普通地方公共団体の長のほか、ⅱ法律の定めるところにより、委員会又は委員が置かれる。なお、執行機関を補助する機関や、執行機関の附属機関は、執行機関に含まれない。

2 執行機関の特色

執行機関の特色は、ⅰ普通地方公共団体の代表者である長を住民が直接選挙で選ぶことにより、民主主義の原理を確保する点（普通地方公共団体の長の公選制）、ⅱ長から独立し相互に対等な関係にある執行機関を置くことにより、権限を分散させ、公正な行政運営を確保する点（執行機関の多元主義）にある。

【発展】執行機関は、どのような原則で組織されているのか。

執行機関の多元主義をとることから、その所掌事務の明確化、一体性の確保、権限の調整等を図る必要があるため、次の原則が定められている（138条の3）。

① 執行機関の組織は、普通地方公共団体の長の所轄の下に、それぞれ明確な範囲の所掌事務と権限を有する執行機関によって、系統的にこれを構成しなければならない。

重要度 ★★☆

② 執行機関は、普通地方公共団体の長の所轄の下に、執行機関相互の連絡を図り、全て一体として、行政機能を発揮するようにしなければならない。
③ 普通地方公共団体の長は、執行機関相互間にその権限につき疑義が生じたときは、これを調整するように努めなければならない。

【発展】執行機関全体としての均衡をどのように保持するのか。

普通地方公共団体の長は、普通地方公共団体の執行機関の全体としての均衡を保持することが特に必要な事項について、次のような総合調整をする権限が与えられている。

① 各執行機関を通じて組織及び運営の合理化を図り、その相互の間の均衡を保持するために、執行機関の事務局等の組織、事務局等に属する職員の定数又はこれらの職員の身分取扱いについて、委員会又は委員に対し、ⅰ必要な措置を講ずべきことを勧告する権限、ⅱ一定の事項に関する規則その他の規程の制定・変更について協議を受ける権限（180条の4）
② 予算の執行の適正を期すために、委員会又は委員（管理に属する機関を含む。③も同じ。）で権限を有するものに対し、ⅰ収入及び支出の実績・見込みについて報告を徴し、ⅱ予算の執行状況を実地調査し、ⅲその結果に基づいて必要な措置を講ずることを求める権限（221条1項）
③ 公有財産の効率的運用を図るため、委員会又は委員で権限を有するものに対し、公有財産の取得・管理について、ⅰ報告を求め、ⅱ実地調査し、ⅲその結果に基づいて必要な措置を講じることを求める権限、ⅳ㋐公有財産の取得、㋑行政財産の用途変更、㋒行政財産である土地の貸付け等で長の指定するものについて、協議を受ける権限（238条の2）

[40] 普通地方公共団体の長の地位と権限

【基本】普通地方公共団体の長は、どのような地位にあるのか。

　普通地方公共団体の長は、普通地方公共団体の執行機関の1つであるが、最高の執行機関として、ⅰその普通地方公共団体を統轄するとともに、ⅱその普通地方公共団体を代表する機関である（147条）。ⅰは、普通地方公共団体の長がその普通地方公共団体の機関を総合調整しつつ、団体の事務全般について、他の執行機関をはじめ議会及び住民の全てを含めて総合的に取りまとめ、その最終的統一性を保持する権限を有することを意味する。また、ⅱは、普通地方公共団体の長が集約的にその普通地方公共団体としての立場を表すものと解されている。

　普通地方公共団体の長として、都道府県に知事を、市町村には市町村長を置く（139条）。

【基本】普通地方公共団体の長は、どのような権限を有しているか。都道府県知事と市町村長の権限には、違いがあるか。

1　事務執行の権限（148条）

　普通地方公共団体の長は、執行機関として、普通地方公共団体の事務を管理し、執行する。すなわち、普通地方公共団体の事務一般を原則的に所掌する執行機関である。

2　職員等に対する権限（154～158条）

　普通地方公共団体の長は、ⅰその補助機関である職員を指揮監督する。ⅱその管理に属する行政庁の処分が、法令、条例又は規則に違反すると認めるときは、その処分を取り消し、又は停止することができる。ⅲ内部組織を設け、また、支庁・地方事務所等を設けることができる。ⅳ区域内の公共的団体等の活動の総合調整を図るため、これを指揮監督することができる。

3　議会との関係に関する権限

重要度 ★★☆

　普通地方公共団体の長と議会は、対等かつ独立の関係にある。そこで、普通地方公共団体の長は、ⅰその権限に属する一定の事項について自ら決定して執行することができ、議会の関与を受けない。また、ⅱ議会との間に対立が生じた場合に、これを調整するための権限が特に付与されている（[46] 参照）。

4　都道府県知事と市町村長

　都道府県知事と市町村長の権限は、基本的に同じである。ただし、都道府県が市町村を包括する広域の普通地方公共団体であることから、両者の権限には若干の差がある。また、都道府県知事は、市町村長の行う事務の処理に関し、法令に基づき、一定の関与を行うことができる権限を有している（[86] 参照）。

【発展】普通地方公共団体の長は、どのような事務を処理するのか。

　普通地方公共団体の長が担任する事務として、次の事務が例示されている（149条）。
①　議会の議決を経るべき事件について、議案を提出すること。
②　予算を調製し、及びこれを執行すること。
③　地方税を賦課徴収し、分担金、使用料、加入金又は手数料を徴収し、過料を科すること。
④　決算を議会の認定に付すること。
⑤　会計を監督すること。
⑥　財産を取得し、管理し、処分すること。
⑦　公の施設を設置し、管理し、廃止すること。
⑧　証書及び公文書類を保管すること。
⑨　その他その普通地方公共団体の事務を執行すること。
　このほか、その権限に属する事務に関し、規則を制定することができる（[21] 参照）。

[41] 普通地方公共団体の長の身分

【基本】普通地方公共団体の長は、どのような身分か。

　普通地方公共団体の長は、住民の直接選挙によって選出され、その任期は4年である（140条1項）。特別職の地方公務員（地公法3条3項1号）であり、勤務条件等について地方公務員法の適用を受けない。また、条例で定めるところにより、給料、手当及び旅費の支給を受ける（204条）。

【発展】普通地方公共団体の長の任期は、いつから起算するか。

　普通地方公共団体の長の任期は、その選挙の行われた日から起算するが、前任者の任期満了前に選挙が行われた場合には、原則として、前任者の任期満了日の翌日から起算する。
　ただし、普通地方公共団体の長が任期中に退職を申し出てそれに伴う選挙が行われた場合で、同じ者が当選人となったときは、退職しなかったものとみなして、前の任期と通算する（公選法259条・259条の2）。

【発展】普通地方公共団体の長の兼職・兼業禁止は、どのように定められているか。

　普通地方公共団体の長は、議員と同じ趣旨（[37] 参照）で、一定の職との兼職及び一定の業務との兼業等が禁止されている。
1　兼職の禁止（141条等）
　普通地方公共団体の長の兼職禁止の対象となる職は、議員とほぼ同じであり（[37] 参照）、ⅰ衆議院議員・参議院議員、ⅱ地方公共団体の議会の議員、ⅲ地方公共団体の常勤の職員・短時間勤務職員、ⅳ選挙管理委員、監査委員、人事委員会・公平委員会の委員、教育委員会の教育長・委員等の行政委員会の委員である。ただし、ⅱ・ⅲは、当該普通地方公共団体が組織する一部事務組合又は広域連合の議会の議員、管理者・長その他の職員とは兼職

することができる(287条2項・291条の4第4項)。また、iiiは、一般職か特別職かを問わない。

兼職の禁止に違反して兼職した場合の効果についても、議会の議員と同様に考えられている。

2　兼業等の禁止(142・143条)

普通地方公共団体の長は、議員と同じく([37]参照)、iその普通地方公共団体に対して請負をする者又はその者の支配人、ii主としてその普通地方公共団体に対して請負をする法人の役員等(⑦無限責任社員、取締役、執行役、監査役、⑦⑦に準ずる者、⑦支配人、⑦清算人)であることが禁止されている。ただし、議員と異なり、iiの法人からは、その普通地方公共団体が資本金等の2分の1以上を出資している法人が除かれる。

普通地方公共団体の長が上記の兼業等をした場合には、失職する。これに該当するか否かの決定は、選挙管理委員会が行う。

【発展】長が任期中にその職を失うのは、どのような場合か。

普通地方公共団体の長は、次の事由がある場合には、任期中であってもその職を失う。

① 退職(辞職)する場合(145条)　退職しようとする日前、都道府県知事は30日、市町村長は20日までに、議会の議長に申し出る。ただし、議会の同意を得たときは、その期日前に退職することができる。

② 失職する場合　i解職請求に基づく投票で過半数の同意があった場合([13]参照)、ii兼業等の禁止規定に違反する旨又は被選挙権を有しない旨の選挙管理委員会の決定があった場合、iii議会において不信任議決がなされた場合(議会を解散することができるときを除く)([49]参照)である。

[42] 普通地方公共団体の長の職務の代理・委任

【基本】代理とは何か。委任とは何か。また、これらは、どのような趣旨で認められているのか。

① 代理　普通地方公共団体の長の権限の全部又は一部を、他の者が長の名において行い、その行為が長の行為としての効果を生ずることをいう。代理には、法定の事実の発生により当然に代理関係が生じる法定代理と、長の授権によって代理関係が生じる任意代理がある。
② 委任　普通地方公共団体の長がその権限の一部を他の者に委任し、委任を受けた者がその名と責任において行うことをいう。代理の場合は、権限は長に属したままであるが、委任の場合は、長は委任した範囲で権限を失う点が異なる。

普通地方公共団体の長の権限は、自ら行使することが原則であるが、自ら権限を行使することができない場合や、権限の全てを自ら行使することは困難な場合がある。そこで、普通地方公共団体の事務を円滑かつ能率的に処理するため、一定の要件の下で長の権限の委任及び代理が認められている。

【基本】代理はどのような場合にすることができるか。

1　法定代理（152条）

法定代理が生じるのは、ⅰ普通地方公共団体の長に事故があるとき、又はⅱ普通地方公共団体の長が欠けたときである。ⅰは、長期の旅行、病気等により職務を執行することができないとき、ⅱは、死亡、辞職等により存在しなくなったときをいう。

① 副知事・副市町村長による代理　ⅰ又はⅱの場合は、副知事・副市町村長が普通地方公共団体の長の職務を代理する。副知事・副市町村長が2人以上あるときは、㋐あらかじめ長が定めた順序、㋑㋐がないときは席次の上下、㋒㋑が明らかでない

重要度 ★★☆

ときは年齢の多少による等とされている。
② 長の補助機関である職員による代理 ㋐副知事・副市町村長にも事故がある場合又はこれらも欠けた場合、㋑副知事・副市町村長を置かない普通地方公共団体におけるⅰ又はⅱの場合は、長の補助機関である職員のうちから長の指定する職員(その職員がないときは、規則で定めた上席の職員)が長の職務を代理する。

これらの者が長の職務を代理することができる事務の範囲は、原則として、長の職務権限等の全てに及ぶが、長の身分や資格を要件として付与された職務権限等(長の不信任とこれに対する議会の解散等)には及ばないと解されている。

2 任意代理(153条)

普通地方公共団体の長は、その権限に属する事務の一部を、長の補助機関である職員に、臨時に代理させることができる。臨時的であることから「臨時代理」とも言われる。

法律上は、代理できる事務に制限はないが、議会の招集・解散、議案の提出・再議、主要職員の任命等、長の固有の権限に属する事務又は長が自ら権限を行使することが予定されている事務については、代理できないと解されている。

【基本】委任はどのような場合にすることができるか。

普通地方公共団体の長は、その権限に属する事務の一部を、ⅰ長の補助機関である職員又はⅱ長の管理に属する行政庁に委任することができる(153条1項)。また、ⅲその普通地方公共団体の他の執行機関と協議して、これらの機関又はその事務を補助する職員等に委任することができる([52]参照)。ⅰの場合に委任することができる事務の範囲は、任意代理の場合と同じである。

[43] 長の補助機関・事務部局

【基本】補助機関とは何か。補助機関である職員としてどのような職員が置かれるのか。

　補助機関とは、普通地方公共団体の執行機関がその意思を決定するに当たって、その意思決定を補助する機関をいう。補助機関である職員（補助職員）は、その執行機関の事務を補助執行する。補助執行とは、執行機関の権限の行使を内部的に補助して執行することをいい、代理や委任と異なり、対外的には補助機関の職員の名は出ない。

　普通地方公共団体の執行機関のうち、普通地方公共団体の長については、ⅰ補助機関である職員として、㋐副知事・副市町村長、㋑会計管理者、㋒出納員その他の会計職員、㋓㋐〜㋒以外の職員、㋔専門委員が置かれ、また、ⅱ普通地方公共団体の長は、㋐〜㋔の職員を指揮監督する（154条）。

【基本】事務部局とは、どのようなものか。

　普通地方公共団体の長の補助機関を組織的、系統的に構成するものとして事務部局（法律上の名称・制度ではない。）が置かれる。事務部局には、普通地方公共団体の長の権限に属する事務を分掌させる（分担して補助執行させる）ために、局、部、課等の組織が設けられるのが一般的である。事務部局には、ⅰ内部組織（本庁組織）とⅱ地方出先機関がある。

　なお、委員会又は委員の事務部局や補助機関である職員については、地方自治法又はそれぞれの関係法律に定められている。

【発展】内部組織はどのように設けるのか。

　普通地方公共団体の長は、その権限に属する事務を分掌させるため、必要な内部組織を設けることができる。

　この場合に、ⅰ長の直近下位の内部組織の設置及び分掌する事

重要度 ★★☆

務は、条例で定めなければならず（158条1項）、ⅱそれ以外の内部組織の設置及び分掌する事務は、規則等で定めることができる。ⅰの条例案の提出権は長に専属すると解されている。

また、内部組織の編成に当たっては、普通地方公共団体の長は、事務及び事業の運営が簡素かつ効率的なものとなるよう十分配慮しなければならない（158条2項）。

内部組織は、一般に普通地方公共団体の事務所（本庁）に置かれるが、その位置は、条例で定めなければならず、この条例の制定・改廃は、議会において出席議員の3分の2以上の者の同意が必要である。また、その位置は、住民の利用に最も便利であるように、交通の事情、他の官公署との関係等について適当な考慮を払わなければならない（4条）。

【発展】地方出先機関はどのように設けるのか。

普通地方公共団体の長は、ⅰその権限に属する事務を分掌させる機関（総合出先機関）として、条例で、㋐都道府県に、支庁（道は支庁出張所を含む。）及び地方事務所、㋑市町村に、支所又は出張所を設けることができ、ⅱ法律又は条例の定めるところにより、保健所、警察署その他の行政機関（個別出先機関）を設ける。ⅰ及びⅱの機関の位置、名称及び所管区域は、条例で定める。なお、その位置は、住民の利用に最も便利であるように、交通の事情、他の官公署との関係等について適当な考慮を払わなければならない（155・156条）。

ⅰの支庁・地方事務所又は支所の長は、普通地方公共団体の長の補助機関である職員をもって充て、長の定めるところにより、上司の指揮を受け、その主管の事務を掌理し、部下の職員を指揮監督する（175条）。

[44] 副知事・副市町村長

【基本】副知事・副市町村長の地位は、どのようなものか。

1 設置（161条）

普通地方公共団体の長の補助機関として、都道府県に副知事を、市町村に副市町村長を、それぞれ置く。ただし、これらは、条例で置かないことができる。副知事・副市町村長の定数は、条例で定める。

2 選任・退職等（162・163・165条）

副知事・副市町村長は、特別職の地方公務員で、その選任は、普通地方公共団体の長が議会の同意を得て行う。この同意については、長が専決処分で行うことができない（[50]参照）。副知事・副市町村長の任期は4年であるが、長は、いつでも解職することができ、その際に議会の同意は要しない。

副知事・副市町村長の退職は、ⅰ普通地方公共団体の長の職務を代理する副知事・副市町村長（[42]参照）は、退職しようとする日前20日までに普通地方公共団体の議会の議長に申し出なければならない（議会の承認を得たときは、その期日前に退職することができる）。ⅱⅰ以外の副知事・副市町村長は、退職しようとする日前20日までに普通地方公共団体の長に申し出なければならない（長の承認を得たときは、その期日前に退職することができる）。

3 欠格及び兼職・兼業の禁止（164・166条）

① 欠格事由　公職選挙法の規定に基づき選挙権・被選挙権を有しない者（禁錮以上の刑の執行を終わるまでの者、執行猶予を除き禁錮以上の刑の執行を受けることがなくなるまでの者等）は、副知事・副市町村長となることができず、これらに該当したときは、当然に失職する。

② 兼職の禁止　副知事・副市町村長は、ⅰ検察官、警察官、収

税官吏、公安委員会の委員、ⅱ衆議院議員・参議院議員、ⅲ地方公共団体の議会の議員、ⅳ地方公共団体の常勤の職員及び短時間勤務職員と兼ねることができない。ただし、ⅲ・ⅳは、その普通地方公共団体が組織する一部事務組合又は広域連合の議会の議員、管理者・長その他の職員とは兼職することができる（287条2項・291条の4第4項）。また、ⅳは、一般職か特別職かを問わない。このほか、ⅴ監査委員（［54］参照）、ⅵ教育委員会の教育長・委員（地教行法6条）、ⅶその普通地方公共団体の人事委員会・公平委員会の委員（地公法9条の2第9項）等との兼職が禁止される。

③ 兼業等の禁止　普通地方公共団体の長と同じく（［41］参照）、ⅰその普通地方公共団体に対して請負をする者又はその者の支配人、ⅱ主としてその普通地方公共団体に対して請負をする法人の役員等であることが禁止されている。

【基本】副知事・副市町村長の職務は、どのようなものか。

　副知事・副市町村長は、普通地方公共団体の長を支える最高幹部であり、その職務は、ⅰ普通地方公共団体の長を補佐すること、ⅱ普通地方公共団体の長の命を受け政策及び企画をつかさどること、ⅲ普通地方公共団体の長の補助機関である職員の担任する事務を監督すること、ⅳ普通地方公共団体の長の職務を代理すること（［42］参照）である。このうち、ⅰは、長の政策の企画・立案に参画して助言することのほか、長の事務を規則、訓令等に基づいて専決又は代決するなど事務処理を補助することを含む。

　このほか、ⅴ普通地方公共団体の長の権限に属する事務の一部について委任を受け、その事務を執行する（［42］参照）。この場合には、長は、直ちに、その旨を告示しなければならない。

[45] 会計管理者・その他の職員

【基本】会計管理者の地位及び職務は、どのようなものか。

1 設置等（168・169条）

普通地方公共団体に会計管理者1人を置く。会計管理者は、一般職の地方公務員であり、普通地方公共団体の長の補助機関である職員のうちから、普通地方公共団体の長が命ずる。

普通地方公共団体の長、副知事・副市町村長又は監査委員と親子、夫婦又は兄弟姉妹の関係にある者は、会計管理者となることができず、その関係が生じたときは、会計管理者としての職を失う（地方公務員の身分を失うわけではない）。

2 職務等（170条・171条5項）

① 職務　会計管理者は、法律又はこれに基づく政令に特別の定めがあるものを除き、普通地方公共団体の会計事務をつかさどる。会計管理者を置くのは、予算執行機関から会計事務を分離し、会計事務の公正な処理を確保する趣旨である。このため、会計管理者は、普通地方公共団体の長の会計監督権に服するが、会計事務の執行については独立の権限を有する。

② 会計事務　地方自治法には、会計事務として次の事務が例示されている。ⅰ現金（現金に代えて納付される証券及び基金に属する現金を含む。）の出納・保管。ⅱ小切手の振出。ⅲ有価証券（公有財産又は基金に属するものを含む。）の出納・保管。ⅳ物品（基金に属する動産を含む。）の出納・保管（使用中の物品に係る保管を除く。）。ⅴ現金及び財産の記録管理。ⅵ支出負担行為に関する確認。ⅶ決算の調製及び普通地方公共団体の長への提出。

③ 会計管理者の事務の代理　普通地方公共団体の長は、会計管理者に事故がある場合において必要があるときは、長の補助機関である職員にその事務を代理させることができる。

④ 事務処理組織　普通地方公共団体の長は、会計管理者の権限

に属する事務を処理させるため、規則で、必要な組織を設けることができる。

【基本】会計管理者の事務を補助するのは、どのような職員か。

 会計管理者の事務を補助させるため、ⅰ出納員（町村は、置かないことができる。）、ⅱ出納員以外の会計職員を置き、普通地方公共団体の長が、その補助機関である職員のうちから命ずる。ⅰは、会計管理者の命を受けて現金の出納（小切手の振出を含む。）・保管又は物品の出納・保管の事務を、ⅱは、上司の命を受けて普通地方公共団体の会計事務を、つかさどる。

 普通地方公共団体の長は、ⅰ会計管理者にその事務の一部を出納員に委任させ、又はⅱ出納員にその委任を受けた事務の一部をその他の会計職員に委任させることができる。この場合には、長は、直ちに、その旨を告示しなければならない。

【基本】普通地方公共団体の補助機関として、その他にどのような職員が置かれるのか。

① 職員（172条）　これまで述べた職員以外に、普通地方公共団体の長の補助機関として職員を置き、普通地方公共団体の長が任免する。職員（臨時又は非常勤の職を除く。）の定数は、条例で定める。職員の身分取扱いは、地方公務員法等で定める。

② 専門委員（174条）　普通地方公共団体に常設又は臨時の専門委員を置くことができ、普通地方公共団体の長が、専門の学識経験者の中から選任する。専門委員は、非常勤とする。専門委員は、普通地方公共団体の長の委託を受け、その権限に属する事務に関し必要な事項を調査する。

[46] 普通地方公共団体の長と議会との関係

【基本】普通地方公共団体の長と議会は、どのような関係にあるのか。

　我が国の統治制度においては議院内閣制がとられているのに対し、地方自治制度においては首長制（二元制）がとられている。首長制は、執行機関である首長と議決機関である議会のいずれもが住民から直接選任され、それぞれが職務権限について住民に責任を負うこととする制度である。首長制には、執行機関と議決機関の牽制と均衡によって公正な行政を期することができるとともに、執行機関の地位を一定期間保障することにより行政の安定性を確保することができるという長所があるため、地方自治制度に採用されたものと解されている。

　首長制は、執行機関と議決機関がそれぞれ独立かつ自主的に権限を行使するとともに、同時に、両者に対立が生じた場合に、対立を調整し両者の均衡を図ることが必要となる。そこで、地方自治制度においては、普通地方公共団体の長と議会の関係について、ⅰ両者の独立性・自主性を保障する仕組みとともに、ⅱ議会が長を牽制する権限を与え、さらに、ⅲ両者が対立・衝突した場合に、地方公共団体の活動の正常な運営を確保するために必要な限度でこれを調整する制度が設けられている。

【発展】普通地方公共団体の長と議会の独立性を保障するのはどのような仕組みか。

1　普通地方公共団体の長と議会の自主性・独立性を保障する仕組み

　普通地方公共団体の長と議会がそれぞれ自主的に、独立してその機能を果たすための仕組みとして、ⅰ議会の議決すべき事件は、原則として、法律に列挙されたものに限られ、それ以外の事項は、

その事項を所管する執行機関が団体意思を決定し、執行すること（[23] 参照）、ⅱ議会及び長は、それぞれ、法令に違反しない限りにおいて条例又は規則を制定することができること（[18]・[21] 参照）、ⅲ議会の運営については、長に議会の招集権があるほかは、会期の決定、会議の開閉、会議規則の制定、議員の懲罰等は、議会が決定すること（[29] 参照）等がある。

2　普通地方公共団体の議会が長を牽制する仕組み

普通地方公共団体の議会は、議決機関として、条例、予算等を議決する権限があり（[25] 参照）、長その他の執行機関はこれに拘束されるほか、議会が執行機関を牽制する仕組みとして、ⅰ副知事・副市町村長の選任に対する同意（[44] 参照）、ⅱ長の行った専決処分に対する承認（[50] 参照）、ⅲ普通地方公共団体の事務に関する検査（[24] 参照）、ⅳ普通地方公共団体の事務に関する監査の請求（[24] 参照）、ⅴ普通地方公共団体の事務に関する調査（[26] 参照）等がある。

3　普通地方公共団体の長と議会が対立した場合に調整する仕組み

普通地方公共団体の長と議会が対立した場合に調整する仕組みとして、ⅰ再議（[47] 参照）及びⅱ専決処分（[50] 参照）があり、調整が不可能な事態に至った場合に最終的に解決する措置として、ⅲ長の不信任決議とこれに対する議会の解散（[49] 参照）がある。

第7章 執行機関

[47] 再議1

【基本】再議とは、どのような制度で、どのような趣旨で設けられているか。

　再議とは、普通地方公共団体の長が議会の議決等を拒否して、議会において再び審議し、議決等を行うことを要求することをいう。再議には、ⅰ議会の議決に異議がある場合（176条1〜3項）に、これを拒否して（一般的拒否権）、議会に再議を行わせる場合（一般再議）と、ⅱ㋐議会の議決又は選挙に越権・違法がある場合（176条4〜8項）、㋑議会の議決が義務費を削除・減額するものである場合（177条1・2項）、㋒議会の議決が非常災害対策費又は感染症予防費を削除・減額するものである場合（177条1・3項）に、これを拒否して（特別的拒否権）、議会に再議を行わせる場合（特別再議）がある。このうち、ⅰは、長がその裁量により再議に付することができるのに対し、ⅱは、再議に付することが義務付けられる。

　再議の制度は、普通地方公共団体の長と議会との間に対立が生じた場合に、普通地方公共団体の活動の正常な運営を確保するために、長の側からこれを調整するための手段として認められているものである。

【発展】一般再議は、どのような制度か。

① 再議に付すことができる場合　再議に付することができるのは、普通地方公共団体の長が議会における議決に異議があるときである。議会における選挙や決定等に異議がある場合は、再議に付すことができない。また、特別再議に付すべき場合は、一般再議に付することはできない。

② 再議に付す理由　再議に付する場合は、必ず理由を示さなければならない。

重要度 ★★★

③ 再議の期限　再議に付すことができるのは、その議決の日（条例の制定・改廃又は予算に関する議決は、その送付を受けた日）から10日（議決の日は算入しない。以下同じ。）以内である。なお、議決が行われた会期と同じ会期である必要はなく、臨時会を招集して再議に付すこともできる。

④ 再議に付した効果　再議に付されたときは、その議決のときに遡って議決の効果が生じないこととなる。

⑤ 再議の結果

ⅰ議会の議決が再議に付された議決と同じ議決であるときは、その議決は、確定する。この場合に、㋐条例の制定・改廃又は予算に関する議決は、出席議員の3分の2以上の同意がなければならず、㋑㋐以外に関する議決は、出席議員の過半数の同意による（可否同数のときは、議長の決するところによる。ⅲも同じ。）。

ⅱ議会の議決が㋐又は㋑の同意を得られないときは、廃案になったものと解され、前の議決も含め、効果が生じない。

ⅲ再議に付された議決と異なった議決がなされたときは、新たな議決があったものと解される。この議決は、出席議員の過半数の同意による。普通地方公共団体の長は、この議決に異議があれば、新たに再議に付することができる。

[48] 再議2

【発展】越権・違法な議決又は選挙に対する再議決又は再選挙は、どのような制度か。

① 再議に付さなければならない場合　普通地方公共団体の長が、議会の議決又は選挙が、ⅰ議会の権限を超えると認める場合、ⅱ法令又は会議規則に違反すると認める場合である。

② 再議に付す理由　再議に付する場合は、必ず理由を示さなければならない。

③ 再議の期限　再議に付さなければならない期限は、法律上定められていないが、①の場合に該当すると認める以上、直ちに再議に付すべきである。なお、議決又は選挙が行われた会期と同じ会期である必要はない。

④ 再議に付した効果　再議に付されたときは、その議決又は選挙のときに遡ってその効果が生じないこととなる。

⑤ 再議の結果　再度の議決又は再選挙がなお①の場合に該当すると認めるときは、ⅰ都道府県知事は総務大臣に対し、市町村長は都道府県知事に対し、再度の議決又は再選挙のあった日から21日以内に、審査を申し立てることができる。ⅱ総務大臣又は都道府県知事は、ⅰの申立てに対する審査の結果、議会の議決又は選挙が①の場合に該当すると認めるときは、これを取り消す旨の裁定をすることができる。ⅲ普通地方公共団体の議会又は長は、ⅱの裁定に不服があるときは、裁定の日から60日以内に、裁判所に出訴することができる。この訴えのうち議会の議決又は選挙の取消しを求めるものは、その議会を被告として提起する。

【発展】義務費の削除・減額議決に対する再議は、どのような制度か。

① 再議に付さなければならない場合　ⅰ法令により普通地方公

共団体に負担を義務付けられた経費、ⅱ法律の規定に基づいて権限を有する行政庁がその職権により普通地方公共団体に負担を命じた経費、ⅲその他その普通地方公共団体の義務に属する経費を、削除し又は減額する議決をした場合である。

　長は、その削除し又は減額された経費及びその経費の支出に必要な収入を再議に付さなければならない。

② 　再議に付す理由、再議の期限、再議に付した効果　越権・違法な議決又は選挙に対する再議決又は再選挙と同じ。

③ 　再議の結果　再度の議決がなお①の経費を削除し又は減額したときは、長は、その経費及びその経費の支出に必要な収入を予算に計上してその経費を支出することができる。

【発展】非常災害対策費又は感染症予防費の削除・減額議決に対する再議は、どのような制度か。

① 　再議に付さなければならない場合　ⅰ非常の災害による応急又は復旧の施設のために必要な経費、ⅱ感染症予防のために必要な経費を、削除し又は減額する議決をしたときである。

　長は、その削除し又は減額された経費及びその経費の支出に必要な収入を再議に付さなければならない。

② 　再議に付す理由、再議の期限、再議に付した効果　越権・違法な議決又は選挙に対する再議決又は再選挙と同じ。

③ 　再議の結果　再度の議決がなお①の経費を削除し又は減額したときは、普通地方公共団体の長は、その議決を長に対する不信任の議決とみなすことができる。つまり、長は、ⅰこの議決に従って執行するか、ⅱ不信任の議決とみなして、議決の送付を受けた日から10日以内に議会を解散することができる。

[49] 不信任の議決と議会の解散

【基本】普通地方公共団体の長の不信任議決と議会の解散権は、どのような趣旨で設けられているか。

　普通地方公共団体は、執行機関である首長と議決機関である議会のいずれもが住民から直接選任される首長制（二元制）を採用しており（[46] 参照）、これは、長と議会が抑制と均衡の関係に立ちつつ、両者の間に調和が保たれていることを前提としている。しかし、両者の間に対立が生じ、その調整が不可能な事態に至った場合には、これを最終的に解決する措置が必要となる。そこで、議会には、長の不信任の議決により長を失職に至らせる権限を与えるとともに、長には、その対抗手段として議会を解散する権限を与え、いずれの権限の行使によっても、最終的には選挙を通じて住民の判断に委ねる仕組みとなっている。

【基本】不信任の議決はどのような要件で行い、議会の解散はどのような場合に行うことができるのか。

1　不信任の議決（178条1・3項）

　普通地方公共団体の議会は、その議員数（現に在任する議員の総数）の3分の2以上が出席し、出席議員の4分の3以上の同意により、普通地方公共団体の長の不信任の議決を行うことができる。議会が不信任の議決をしたときは、直ちに議長からその旨を普通地方公共団体の長に通知しなければならない。

　なお、議決は、長を不信任とする旨の議決でなければならないが、長に対する信任案の否決や辞職勧告案の議決であっても、長の不信任の趣旨を明確にしたものが上記の要件でなされた場合も、不信任議決と解される。

　議会が不信任の議決をすることのできる場合について、法律上の制限はなく、議決に当たり、不信任の理由を明らかにする必要

もない。
2　議会の解散と長の失職（178条1・2項）
　普通地方公共団体の長は、議長から不信任の議決の通知を受けたときは、その通知を受けた日から10日以内に議会を解散することができる。すなわち、次のいずれかとなる。
① 　議会を解散した場合　議会の全ての議員は、その日に失職する。
② 　議会を解散しなかった場合　普通地方公共団体の長は、不信任の議決の通知を受けた日から10日を経過した日に失職する。
3　解散後最初の議会における不信任の議決（178条2・3項）
　2①により普通地方公共団体の長が議会を解散した場合において、その解散後初めて招集された議会において再び長の不信任の議決があり、議長から長に対しその旨の通知があったときは、普通地方公共団体の長は、議長から通知があった日に失職する。この場合の不信任の議決は、議員数（現に在任する議員の総数）の3分の2以上が出席し、出席議員の過半数の同意による。
　なお、出席議員の過半数の同意によることができるのは、解散後初めて招集された議会における議決の場合に限られ、解散後2度目以降に招集された議会においては、1の要件が必要となる。

第7章 執行機関

[50] 専決処分

【基本】 専決処分とは、どのような制度で、どのような趣旨で設けられているのか。

　専決処分とは、普通地方公共団体の議会が議決又は決定しなければならない事項を、一定の場合に、普通地方公共団体の長が議会に代わって処理することをいう。専決処分をすることができるのは、ⅰ緊急の場合、すなわち、議会において必要な議決又は決定が得られない場合、及びⅱ議会の委任による場合、すなわち、議会が長に行わせるのが妥当と認める場合である。

【発展】 緊急の場合の専決処分は、どのような場合にすることができ、どのような効果があるのか。

1　専決処分の要件（179条1・2項）

　普通地方公共団体の長は、次の場合に、議会の議決すべき事件又は決定すべき事件を専決処分することができる。ただし、副知事又は副市町村長の選任についての同意は、除く。

① 議会が成立しないとき　在任する議員数が議員定数の半数に満たないため、議会を招集しても成立しないときがこれに当たる。議会を招集したが、これに応じないときではない。

② 定足数を満たさないときでも会議を開くことができる場合において、なお会議を開くことができないとき　議員定数の半数以上の議員が出席しない場合でも例外的に会議を開くことができる場合（[32] 参照）があるが、その場合でも、出席議員の数が議長のほか1名のときには合議体として成り立たないので、会議を開くことができず、この場合がこれに当たる。

③ 長において、議会の議決すべき事件について特に緊急を要するため議会を招集する時間的余裕がないことが明らかであると認めるとき　議会の招集の告示は、その一定期日前にする必要

重要度 ★★★

があるが、緊急を要する場合はこの限りでない（[29]参照）。しかし、その場合でも議会の招集には議員が集まることのできる一定の期間が必要であり、特に緊急を要するためその時間的余裕がないと長が認めるときがこれに当たる。
④　議会において議決すべき事件を議決しないとき　法令上、議会において議決する必要のある事件について、災害等の発生、審議の遅滞その他何らかの事情により議会が相当の期間内に議決しないときがこれに当たる。

2　専決処分の効果（179条3・4項）

　普通地方公共団体の長が専決処分をしたときは、議会の議決又は決定を経たのと同じ効果が生じる。

　普通地方公共団体の長は、専決処分をしたときは、次の議会においてこれを議会に報告し、承認を求めなければならない。この場合に、承認を求める議案が否決されたときでも、専決処分の効力自体に影響はない。ただし、条例の制定・改廃又は予算に関する専決処分について承認を求める議案が否決されたときは、長は、速やかに、この専決処分に関して必要と認める措置を講ずるとともに、その旨を議会に報告しなければならない。

【発展】議会の委任による専決処分は、どのような場合にすることができ、どのような効果があるのか。

　普通地方公共団体の議会の権限に属する軽易な事項で、その議決により特に指定したものは、普通地方公共団体の長において専決処分にすることができる。議会が指定した事項は、長の権限となり、議会はこれについて議決することはできない。普通地方公共団体の長は、専決処分をしたときは、これを議会に報告しなければならない（180条）。報告の時期について法律上の制限はないが、できる限り速やかに行うべきである。

[51] 委員会及び委員1

【基本】委員会（行政委員会）とは何か。どのような趣旨で設けられているのか。

1 委員会（行政委員会）の意義
委員会とは、数人の委員によって構成される合議制の執行機関をいう。すなわち、委員会は、その所掌事務について自ら団体の意思を決定する等、これを管理・執行する権限を有する。

2 委員会・委員の趣旨
委員会又は委員が置かれるのは、ⅰ行政の中立性確保のために特に必要とされる事務、ⅱ専門的知識に基づく公正な処理が特に必要とされる事務、ⅲ権利保護のために裁判手続に準ずる公正な手続による処理が特に必要とされる事務、ⅳ相対立する利害の調整のため利益代表の参加による処理が特に必要とされる事務等を所掌する場合である。これらの事務は、特に政治的影響を排し、公正かつ中立に管理執行する必要があるため、普通地方公共団体の長から独立した執行機関である委員会が置かれている。また、委員会という合議体とするのは、合議によって慎重な判断を行うことが適当であるためである。

【基本】委員会・委員の組織、権限等は、どのようなものか。また、委員会の委員又は委員の地位は、どのようなものか。

1 委員会の組織、権限等
① 組織　委員会・委員は、ⅰ法律の定めるところにより、普通地方公共団体の執行機関として置かれる（138条の4第1項）。条例又は規則によりこれを置くことはできない。また、ⅱ普通地方公共団体の長の所轄の下に置かれる（[39]参照）。所轄とは、長の管轄下に置かれるが、長に対し強い独立性を有する意味である。

② 権限　委員会・委員は、ⅰその権限に属する事務を自らの判断と責任において執行し、長の指揮監督を受けない（138条の2）。職務の独立性を確保するため、ⅱ法令又は条例・規則に違反しない限りにおいて、その権限に属する事務に関し、規則その他の規程を定めることができ（138条の4第2項）、また、ⅲその権限に属する事務を補助するため、事務局長・書記長、書記その他の職員を置くほか、事務局等を置くものがある。

2　委員会の委員又は委員の地位

① 選任、任期等　委員会の委員又は委員は、ⅰ一般に、その選任資格について、学識経験を有する等の要件が定められるとともに、ⅱその選任について、議会の同意、議会や関係者による選挙等の手続が定められている。また、ⅲ任期制をとり、職務の遂行に堪えられない心身の故障又は委員たるにふさわしくない非行等の特別の事情がある場合で、議会の同意を得たとき等を除き、その意に反して罷免されることがない。

② 兼業・兼職の禁止　委員会の委員又は委員は、ⅰ普通地方公共団体の長と同じく（[41]参照）、㋐その普通地方公共団体に対して請負をする者又はその者の支配人、㋑主としてその普通地方公共団体に対して請負をする法人の役員等であることが禁止されているほか（180条の5第6項）、ⅱ一般に、地方公共団体の議会の議員又は長その他の職員等との兼職が禁止されている。また、ⅲ住民の直接請求による解職の制度が定められているもの（[13]参照）がある。

③ 身分　委員会の委員又は委員は、特別職の地方公務員（地公法3条3項1号・2号）であり、法律に特別の定めがあるものを除き、非常勤とされる（180条の5第5項）。

[52] 委員会及び委員2

【基本】普通地方公共団体の長と委員会・委員は、どのような関係にあるか。

　普通地方公共団体の委員会・委員は、普通地方公共団体の長の所轄の下に置かれるが（[51]参照）、相互の連絡を図り、全て一体として、行政機能を発揮するようにしなければならない（[39]参照）。そこで、ⅰ執行機関の一体性を確保することが必要な事項については、それに関する権限を普通地方公共団体の長に独占させるとともに、ⅱ普通地方公共団体の執行機関の全体としての均衡を保持することが特に必要な事項については、普通地方公共団体の長に総合調整をする権限が与えられている。さらに、ⅲ執行機関の組織及び運営の合理化と最少の経費で最大の効果を挙げるため（2条14・15項）、普通地方公共団体の長と委員会・委員相互間において協力の方式が定められている。

1　普通地方公共団体の長のみが権限を有し、委員会・委員が権限を有しない事項（180条の6）

　次の事項は、執行権限の統一的な行使を期するとともに、財政運営の一元処理を図るため、普通地方公共団体の長のみがその権限を有し、委員会・委員は、権限を有しない。ただし、長は、3①により委員会・委員への委任等をすることはできる。

① 　普通地方公共団体の予算の調製及び執行
② 　議会の議決を経るべき事件の議案の提出
③ 　地方税の賦課徴収、分担金・加入金の徴収又は過料を科すること
④ 　普通地方公共団体の決算を議会の認定に付すること

2　普通地方公共団体の長に総合調整をする権限が与えられている事項（180条の4・221条1項・238条の2）

　普通地方公共団体の長は、ⅰ委員会・委員の事務局等の組織、

重要度 ★★☆

職員の定数又はその身分取扱いについて勧告し、協議を受ける権限、ⅱ予算について報告を徴し、執行状況を実施調査し、措置を要求する権限、ⅲ公有財産について報告を求め、実地調査し、措置を求め、協議を受ける権限を有している（[39] 参照）。

3 執行機関相互の協力

① 長の事務の委任・補助執行（180条の2） 普通地方公共団体の長は、委員会・委員と協議して、長の権限に属する事務の一部を、ⅰ㋐委員会、委員会の委員長（教育委員会は、教育長）又は委員、㋑委員会・委員の事務を補助する職員、㋒委員会・委員の管理に属する機関の職員に委任すること、ⅱ㋑委員会・委員の事務を補助する職員、㋒委員会・委員の管理に属する機関の職員に補助執行させることができる。

② 委員会・委員の事務の委任・補助執行等（180条の7） 委員会・委員（公安委員会を除く。）は、普通地方公共団体の長と協議して、委員会・委員の権限に属する事務の一部を、ⅰ㋐長の補助機関である職員、㋑長の管理に属する支庁・地方事務所、支所・出張所、地域自治区の事務所、指定都市の区・総合区の事務所・出張所、保健所その他の行政機関の長に委任すること、ⅱ㋐長の補助機関である職員、㋑長の管理に属する行政機関に属する職員に補助執行させること、ⅲ専門委員に委託して必要な事項を調査させることができる。

③ 長の補助職員の兼務・充て職・事務従事（180条の3） 普通地方公共団体の長は、委員会・委員と協議して、長の補助機関である職員を、ⅰ㋐委員会・委員の事務を補助する職員、㋑委員会・委員の管理に属する機関の職員と兼ねさせること（兼務）、ⅱ㋐委員会・委員の事務を補助する職員、㋑委員会・委員の管理に属する機関の職員に充てること（充て職）、ⅲ委員会・委員の事務に従事させること（事務従事）ができる。

[53] 委員会及び委員 3

【基本】普通地方公共団体には、どのような委員会又は委員を置かなければならないか。

① 都道府県に置かなければならない委員会・委員　ⅰ教育委員会、ⅱ選挙管理委員会、ⅲ人事委員会、ⅳ監査委員、ⅴ公安委員会、ⅵ労働委員会、ⅶ収用委員会、ⅷ海区漁業調整委員会、ⅸ内水面漁場管理委員会である。

② 市町村に置かなければならない委員会・委員　ⅰ教育委員会、ⅱ選挙管理委員会、ⅲ人事委員会又は公平委員会（指定都市は人事委員会、それ以外の市で人口15万以上の市及び特別区は人事委員会又は公平委員会、人口15万未満の市、町村及び組合は公平委員会）、ⅳ監査委員、ⅴ農業委員会、ⅵ固定資産評価審査委員会である。

【発展】主な委員会・委員の組織・職務はどのようなものか。

1　教育委員会（180条の8、地教行法2〜16条・21条）

① 組織　教育長及び4人の委員（条例により、委員の増又は減が可能）。教育に関する識見者から長が議会の同意を得て任命する。任期は教育長は3年、委員は4年。住民による解職請求の制度がある。教育長は常勤。

② 職務　㋐教育機関の管理、㋑学校の組織編制、教育課程、教科書等の取扱及び教育職員の身分取扱に関する事務、㋒社会教育その他教育、学術及び文化に関する事務

2　選挙管理委員会（181〜194条）

① 組織　4人の委員。政治・選挙の識見者から議会において選挙する。任期は4年。住民による解職請求の制度がある。

② 職務　その普通地方公共団体が処理する国・地方公共団体の選挙に関する事務及びこれに関係ある事務

3　人事委員会・公平委員会（202条の2第1・2項・地公法7〜

11条)
① 組織　3人の委員。公務に関する識見者から、長が議会の同意を得て選任する。任期は4年。人事委員会の委員は、常勤又は非常勤。
② 職務　ⅰ人事委員会は、㋐人事行政に関する調査・研究・企画・立案・勧告等、㋑職員の競争試験・選考の実施、㋒職員の勤務条件に関する措置要求及び不利益処分の審査及び措置、ⅱ公平委員会は、原則として、㋒のみ。
4　監査委員
([54] 参照)
5　公安委員会（180条の9・警察法38条〜46条の2）
① 組織　都道府及び指定都市のある県は5人、他の県は3人の委員。一定の警察・検察の職業的公務員の前歴のない者から、知事が議会の同意を得て任命する。任期は3年。住民による解職請求の制度がある。
② 職務　都道府県警察の管理

【基本】附属機関とはどのような機関をいうか。

附属機関（202条の3）とは、執行機関に附属して、その担任する事項について、調停、審査、審議又は調査等を行う機関をいう。普通地方公共団体は、法律又は条例の定めるところにより、自治紛争処理委員、審査会、審議会、調査会その他の附属機関を置くことができる。

附属機関を組織する委員その他の構成員は、非常勤である。附属機関の庶務は、法律又はこれに基づく政令に特別の定めがあるものを除き、その属する執行機関においてつかさどる。

[54] 監査委員1

【基本】監査委員の定数、選任等、代表監査委員、事務局等は、どのようなものか。

1 設置及び定数

普通地方公共団体に監査委員を置く。その定数は、⑦都道府県及び人口25万人以上の市は4人、④⑦以外の市及び町村は2人である。ただし、条例でその定数を増加することができる。

2 選任等

① 選任手続　普通地方公共団体の長が、議会の同意を得て、ⅰ人格が高潔で、普通地方公共団体の財務管理、事業の経営管理その他行政運営に関し優れた識見を有する者及びⅱ議会の議員のうちから、選任する。このうち、ⅱの監査委員（いわゆる議員選任委員）は、1⑦の地方公共団体は1～2人、1④の地方公共団体は1人とし、ⅰの監査委員（いわゆる識見選任委員）は、監査委員の定数のうち残余の人数とする。

② 被選任資格　識見選任委員が2人以上の普通地方公共団体では、少なくとも識見選任委員の人数から1人を引いた人数以上は、その普通地方公共団体の常勤職員又は短時間勤務職員でなかった者でなければならない。

③ 任期　識見選任委員の任期は4年、議員選任委員の任期は議員の任期による。

④ 罷免・退職　普通地方公共団体の長は、⑦心身の故障のため職務の遂行に堪えない、又は④監査委員に職務上の義務違反その他監査委員たるに適しない非行があると認めるときは、議会の同意（常任委員会又は特別委員会における公聴会を必要とする。）を得て、罷免することができる。

監査委員が退職しようとするときは、普通地方公共団体の長の承認を得なければならない。

⑤ 欠格事由・兼職・兼業の禁止　ⅰ普通地方公共団体の長又は副知事・副市町村長と親子、夫婦又は兄弟姉妹の関係にある者は、監査委員となることができず、その関係が生じたときは、失職する。また、監査委員は、ⅱ地方公共団体の常勤の職員又は短時間勤務職員と兼職すること、ⅲ普通地方公共団体に対して請負をする者又はその者の支配人等と兼業すること（〔51〕参照）が禁止されている。

⑥ 常勤・非常勤　監査委員は、原則として非常勤であるが、識見選任委員は、常勤とすることができ、1⑦の地方公共団体は、1人以上の識見選任委員を常勤としなければならない。

3　代表監査委員

識見選任委員の1人（監査委員の定数が2人のときは、識見選任委員）を代表監査委員としなければならない。

代表監査委員は、ⅰ監査委員に関する庶務を処理するほか、ⅱ住民訴訟の判決に従って、普通地方公共団体の長に対して提起する損害賠償請求等の訴訟について普通地方公共団体を代表する（〔82〕参照）。

4　事務局・事務局長・書記その他の職員

① 事務局　ⅰ都道府県の監査委員に、事務局を置く。ⅱ市町村の監査委員に、条例の定めるところにより事務局を置くことができる。

② 事務局長、書記その他の職員　ⅰ事務局に事務局長、書記その他の職員を置く。ⅱ事務局を置かない市町村に監査委員の事務を補助させるため書記その他の職員を置く。これらの職員は、代表監査委員が任免し、上司の指揮（事務局長は監査委員の命）を受け、監査委員に関する事務に従事する。これらの職員のうち、常勤の職員（臨時の職を除く。）の定数は、条例で定める。

[55] 監査委員2

【基本】監査とは何か。監査は、どのような趣旨で行うのか。

　監査とは、普通地方公共団体やその機関の事務・業務の執行又は財産の状況を検査し、その正否を調べることをいう。

　監査は、公正で効率的かつ合理的な行政を確保するために行われるのであって、普通地方公共団体における不正や非違の発見それ自体を目的として行われるものではない。

【基本】監査委員は、どのような職務を行うのか。また、職務に関しどのような義務を負うのか。

1　監査委員の職務（199条1・2項）

　監査委員は、①ⅰ普通地方公共団体の財務に関する事務の執行及びⅱ普通地方公共団体の経営に係る事業の管理の監査（財務監査）と、②普通地方公共団体の事務の執行の監査（行政監査）を行うことを主な職務としている。

　①及び②の監査は、㋐最少の経費で最大の効果を挙げるように処理されているかどうか、㋑その組織及び運営の合理化に努めているかどうかに、特に留意して行うほか（199条3項）、②の行政監査については、㋒事務の執行が法令の定めるところに従って適正に行われているかどうかについて、適時に監査を行う（施行令140条の6）。

　これらのほか、議会の請求等に基づく監査を行うほか、その他の監査、審査、検査等を行う（[56] 参照）。

2　監査委員の服務等（198条の3・199条の2）

　監査委員は、ⅰその職務を遂行するに当たって、常に公正不偏の態度を保持して、監査をしなければならない。また、ⅱ職務上知り得た秘密は、退職後を含め、これを漏らしてはならない。ⅲ㋐自己又は親族（父母、祖父母、配偶者、子、孫又は兄弟姉妹）

の一身上に関する事件、㋑自己又は親族の従事する業務に直接の利害関係のある事件については、監査することができない。

【基本】監査は、どのような方法で行い、その結果はどのように取り扱われるのか。

1 監査の方法（199条8項）

監査は、関係書類等の調査や事実確認等により行うほか、監査委員は、監査のため必要があると認めるときは、ⅰ関係人の出頭を求め、又は関係人について調査すること、ⅱ関係人に対し帳簿、書類その他の記録の提出を求めること、ⅲ学識経験を有する者等から意見を聴くことができる。関係人は、その普通地方公共団体の職員又は住民に限らない。また、ⅰ又はⅱに応じる義務があるが、応じない場合に罰則の定めはない。

2 監査結果の取扱い（199条9～12項）

① 監査結果に関する報告　監査委員は、監査の結果に関する報告を決定し、これを普通地方公共団体のⅰ議会、ⅱ長、ⅲ関係ある委員会・委員に提出し、かつ、これを公表しなければならない。この報告の決定は、監査委員の合議による。

② 意見の提出　監査委員は、監査の結果に基づいて必要があると認めるときは、普通地方公共団体の組織及び運営の合理化に資するため、①の報告に添えてその意見を提出することができる。この意見の決定も、監査委員の合議による。

③ 監査の結果に関する措置　①の監査の結果に関する報告の提出を受けたⅰ～ⅲの機関は、監査の結果に基づき、又は監査の結果を参考として措置を講じたときは、その旨を監査委員に通知する。この場合には、監査委員は、その通知に係る事項を公表する。

[56] 監査委員3

【発展】監査委員は、具体的にどのような場合にどのような監査を行うのか。

1．一般監査（199条1・2項）

一般監査の対象となるのは、①財務監査及び②行政監査（[55]参照）であり、次の時期に行う。

① 財務監査（199条4・5項） 実施する時期によって、ⅰ定例（定期）監査（毎会計年度少なくとも1回以上期日を定めて行う監査）及びⅱ随時監査（必要があると認めるときに行う監査）がある。

② 行政監査（199条2項） 必要があると認めるときに行う。ただし、㋐自治事務は、労働委員会及び収用委員会の権限に属する一定の事務を除き、㋑法定受託事務は、国の安全を害するおそれがある、個人の秘密を害することとなる等により監査の対象とすることが適当でない一定の事務については、監査することができない。

2 特別監査

① 住民の事務監査請求に基づく監査（[11]参照） 住民の直接請求を受けた場合に、行政監査を行う。この場合は、普通地方公共団体の事務の全般が監査の対象になる。

② 議会の請求に基づく監査（[24]参照） 議会の請求を受けた場合に、行政監査を行う。この場合は、1②と同じ事務が監査の対象外となる。

③ 普通地方公共団体の長の要求に基づく監査（199条6項）
普通地方公共団体の長の要求を受けた場合に、その要求に係る事項について行政監査を行う。この場合は、普通地方公共団体の事務の全般が監査の対象になる。

④ 財政援助団体等の監査（199条7項） ㋐必要があると認める

場合又は㋑普通地方公共団体の長の要求がある場合に、次の者の監査を行う。監査は、出納その他の事務の執行であって、例えば、ⅰであれば、その財政的援助に係るものについて行う。

　ⅰ補助金等交付団体（補助金、交付金、負担金、貸付金、損失補償、利子補給その他の財政的援助を与えているもの）、ⅱ出資団体（資本金、基本金等の4分の1以上を出資している法人）、ⅲ借入金の元利支払保証団体（借入金の元金又は利子の支払を保証しているもの）、ⅳ公有地信託の受託者（普通地方公共団体が受益権を有する不動産の信託の受託者）、ⅴ公の施設の指定管理者

3　その他の監査、審査、検査等

① 決算審査（［72］参照）　毎会計年度調製される決算及び関係書類を審査し、意見を付する。

② 例月出納検査（［75］参照）　普通地方公共団体の現金の出納を、毎月例日を定めて検査する。

③ 指定金融機関等の監査（［75］参照）　㋐必要があると認めるとき又は㋑長の要求があるときに、指定金融機関等（指定金融機関、指定代理金融機関又は収納代理金融機関）が取り扱う普通地方公共団体の公金の収納又は支払の事務について監査する。

④ 住民監査請求に基づく監査（［81］参照）　住民監査請求があった場合に監査を行い、請求に理由があると認めるときは、議会、長その他の執行機関又は職員に対し期間を示して必要な措置を講ずべきことを勧告する。

⑤ 職員の賠償責任に係る監査（［83］参照）　普通地方公共団体の長の要求があった場合に、会計管理者、会計職員、予算執行職員等が普通地方公共団体に財産上の損害を与えた事実の有無を監査し、賠償責任の有無及び賠償額を決定する。

[57] 外部監査

【基本】外部監査とは何か。また、どのような趣旨で行うのか。

　外部監査とは、普通地方公共団体の組織に属さず、普通地方公共団体の職員ではない外部の専門家が、普通地方公共団体との間に締結した契約（外部監査契約）に基づいて行う監査をいう。外部監査契約には、ⅰ会計年度ごとに、事件を限定せずに監査を委託することを内容とする「包括外部監査契約」と、ⅱ一定の要求又は請求があった場合に、監査委員の監査に代えて監査を委託することを内容とする「個別外部監査契約」がある（252条の27）。外部監査人となることができるのは、弁護士、公認会計士（これらとなる資格を有する者を含む。）、国の会計検査又は地方公共団体の監査・財務に関する行政事務に従事した者で監査実務に精通している者等である（252条の28）。外部監査人は、善管注意義務や守秘義務を負うほか、刑法等の適用において公務員とみなされる。また、監査委員と協議して、監査事務を他の者に補助させることができる。

　外部監査は、普通地方公共団体の執行機関の1つである監査委員制度が、監査機能の独立性・専門性の確保という観点からは自ずから限界があるため、外部の専門的な知識を有する者による監査により監査機能を充実させるための制度である。

【発展】包括外部監査契約に基づく監査は、どのようなものか。

① 包括外部監査契約（252条の36）　㋐都道府県、㋑指定都市及び中核市、㋒外部監査を受けることを条例で定めた㋑以外の市又は町村の長は、毎会計年度、監査委員の意見を聴くとともに、議会の議決を経た上で、その会計年度に係る包括外部監査契約を、速やかに締結しなければならない。ただし、連続して4回同一の者と契約してはならない。

重要度 ★☆☆

② 包括外部監査（252条の37）　包括外部監査人は、必要と認める特定の事件について、契約期間内に少なくとも1回以上、財務監査（[55] 参照）を行う。包括外部監査人が財政援助団体等の監査（[56] 参照）をすることができる旨を条例で定めた場合は、これらについて監査することができる。また、監査委員と協議して、ⅰ関係人の出頭要求及び調査、ⅱ関係人の帳簿、書類その他の記録の提出の要求、ⅲ学識経験者の意見の聴取をすることができる。

③ 監査結果の取扱い等（252条の38）　ⅰ包括外部監査人は、契約期間内に監査結果に関する報告を決定し、議会、長、監査委員及び関係する委員会・委員に提出する。これに添えて、普通地方公共団体の組織及び運営の合理化に資するための意見を提出することができる。ⅱ監査委員は、ⅰの報告を公表する。また、必要に応じ、意見を提出することができる。ⅲ報告の提出を受けた機関は、監査結果に関連して措置を講じたときは監査委員に通知し、監査委員は、これを公表する。

【発展】個別外部監査契約に基づく監査は、どのようなものか。

㋐住民の事務監査請求（[11] 参照）、㋑議会の監査の請求（[24] 参照）、㋒長の監査の請求（[56] 参照）、㋓長の財政援助団体等の監査の要求（[56] 参照）、㋔住民監査請求（[81] 参照）について外部監査によることができる旨を条例で定める普通地方公共団体において、これらの請求又は要求に併せて外部監査によることの求めがあった場合に、議会（㋔は監査委員）が相当と判断したときは、普通地方公共団体の長は、あらかじめ監査委員の意見を聴いた上で、議会の議決を経て、個別外部監査契約を締結する。個別外部監査及びその結果の取扱い等は、包括外部監査に準じる（252条の39〜252条の44）。

[58] 地域自治区

【基本】地域自治区とは何か。

　地域自治区とは、ⅰ市町村長の権限に属する事務を分掌させ、及びⅱ地域の住民の意見を反映させつつその事務を処理させるために、市町村の条例によって市町村の区域を分けられた個々の区画をいう（202条の4第1項）。地域自治区の制度は、その区域を単位として住民に身近な事務を住民の意向を十分に反映しつつ処理することを制度の目的としている。

　地域自治区を設けるかどうかは市町村の判断に委ねられるが、設ける場合には、原則として、その市町村の全域に設ける。

【基本】地域自治区には、どのような機関が置かれるのか。

　地域自治区には、事務所と地域協議会が置かれる。

1　事務所（202条の4第2～4項）

　事務所の位置、名称、所管区域（各地域自治区の区域）は、条例で定める。位置と所管区域は、市町村の事務所と同様、住民の利用に最も便利であるように、適当な考慮を払う。

　事務所には長を置き、市町村長の補助機関である職員をもって充て、上司の指揮を受け、その主管の事務を掌理し部下の職員を指揮監督する。

2　地域協議会（202条の5）

　地域協議会は、住民に基盤を置く機関で、地域自治区の行政執行に住民の意見を反映させることを目的とする。構成員は、地域自治区の区域内に住所を有する者のうちから、市町村長が選任する。選任に当たっては、地域自治区の区域内に住所を有する者の多様な意見が適切に反映されるものとなるよう配慮する。構成員の任期は、4年以内で条例で定める期間である。

重要度 ★☆☆

【発展】地域協議会は、どのような権限を持つのか。

① 地域協議会は、地域自治区の事務所の所掌事務、市町村が処理する地域自治区の区域に係る事務等に関する事項のうち、市町村長その他の市町村の機関が諮問したもの又は必要と認めるものについて、審議し、市町村長その他の市町村の機関に意見を述べることができる。
② 市町村長は、条例で定める市町村の施策に関する重要事項で地域自治区の区域に係るものの決定又は変更に当たっては、あらかじめ、地域協議会の意見を聴かなければならない。
③ 市町村長その他の市町村の機関は、①又は②の意見を勘案し、必要に応じ、適切な措置を講じる(202条の7)。

【発展】地域自治区の特例には、どのようなものがあるか。

1 指定都市の特例(252条の20)

指定都市については、ⅰ区ごとに区地域協議会を置くことができる。ただし、その区域に地域自治区(地域協議会を置く。)が置かれる区には、区地域協議会を置かなくてもよい。ⅱ地域自治区を設けるときは、その区域は、区の区域を分けて定める。ⅲ区に区地域協議会を置く場合は、一部の区の区域だけに地域自治区(地域協議会を置く。)を設けることができる。

2 合併市町村の特例(合併特例法23～25条)

市町村の合併に際して、合併関係市町村の協議で定める期間に限り、合併市町村の一部の区域に、合併前の市町村の区域を区域とする地域自治区を設けることができる。その設置に関する事項は、合併関係市町村の協議で定める。また、その協議により、地域自治区に、事務所の長に代えて、特別職の区長を置くことができる。住居表示には、市の名称とともに区の名称を冠する。

[39] 執行機関の意義等

1 (　)　執行機関は、普通地方公共団体の事務を管理し、執行するが、その担任する事務について普通地方公共団体の意思を決定することはできない。
2 (　)　普通地方公共団体には、執行機関として、法律又は条例の定めるところにより、委員会又は委員が置かれる。
3 (　)　執行機関相互間にその権限につき疑義が生じたときは、普通地方公共団体の長がこれを裁定する。
4 (　)　普通地方公共団体の長は、執行機関の事務局等に属する職員の定数について必要な措置を講ずることを勧告することができる。

[40]　普通地方公共団体の長の地位と権限

1 (　)　普通地方公共団体の長は、その普通地方公共団体を統轄するとともに、その普通地方公共団体を代表する。
2 (　)　普通地方公共団体の長は、普通地方公共団体の事務のうち、法令又は条例によりその権限に属させられたものを管理し、執行する。
3 (　)　普通地方公共団体の長は、その管理に属する行政庁の処分が法令に違反するときは、これを取り消すことができる。
4 (　)　都道府県知事は、市町村長の権限に属する事務につき、その処分が法令に違反するときは、これを取り消すことができる。

[41]　普通地方公共団体の長の身分

1 (　)　普通地方公共団体の長の任期は4年であるが、任期中の退職による選挙が行われた場合の当選人については、前任者の残任期間とする。

解説

[39] Commentary

1 × 執行機関は、普通地方公共団体の事務を管理し、執行し、その担任する事務について普通地方公共団体の意思を決定し、表示する。
2 × 執行機関を条例で定めて置くことはできない。
3 × 普通地方公共団体の長は、これを調整するように努めなければならない。
4 ○ 記述のとおり。

[40] Commentary

1 ○ 記述のとおり。
2 × 普通地方公共団体の長は、普通地方公共団体の事務一般を原則的に所掌する執行機関である。
3 ○ 記述のとおり。
4 × 都道府県知事と市町村長の権限は、基本的に同じであり、都道府県知事に記述のような上級行政庁としての権限はない。

[41] Commentary

1 × 同じ者が当選人となったときに限り、前の任期と通算する。

2（　）普通地方公共団体の長は、全ての地方公共団体の常勤の職員又は短時間勤務職員と兼ねることはできない。
3（　）普通地方公共団体の長は、主としてその普通地方公共団体に対して請負をする全ての法人の役員等となれない。
4（　）普通地方公共団体の長は、兼業禁止規定に該当するときは失職するが、選挙管理委員会がこれを決定する。

[42] 普通地方公共団体の長の職務の代理・委任

1（　）代理とは、普通地方公共団体の長の権限を長以外の者が長の名において行い、長はその範囲で権限を失う。
2（　）普通地方公共団体の長の権限に属する事務の一部を委任した場合、受任者の行為は長の行為として効果を生じる。
3（　）普通地方公共団体の長が長期の旅行により職務を行えないときは、副知事・副市町村長が長の職務を代理する。
4（　）普通地方公共団体の長の職務を代理する場合に複数の副知事・副市町村長があるときは、共同してこれを行う。
5（　）普通地方公共団体の長は、その権限に属する事務の一部を、委員会又は委員に委任することができる。

[43] 長の補助機関・事務部局

1（　）補助執行とは、補助機関の職員の名を明らかにして、執行機関の権限の行使を補助して執行することをいう。

2（　）普通地方公共団体の長の補助機関の職員は、副知事・副市町村長、会計管理者、会計職員その他の職員である。
3（　）普通地方公共団体の長は、その権限に属する事務を分掌させるため、規則で内部組織を設けることができる。

解説

2 × その普通地方公共団体が組織する一部事務組合又は広域連合の職員とは兼職することができる。
3 × その普通地方公共団体が資本金等の2分の1以上を出資している法人は、除かれる。
4 ○ 記述のとおり。

[42]

1 × 代理の場合は、委任と異なり、普通地方公共団体の長の権限は、長に属したままである。
2 × 普通地方公共団体の長が権限を委任した場合は、受任者の行為は、自らの行為として法的効果を生じる。
3 ○ 記述のとおり。

4 × 記述の場合には、あらかじめ長が定めた順序、定めがないときは席次の上下等による。
5 ○ 記述のとおり。

[43]

1 × 補助執行は、執行機関の権限の行使を内部的に補助して執行することであり、補助機関の職員の名は出ない。

2 ○ 記述のとおり。

3 × 普通地方公共団体の長の直近下位の内部組織の設置及び分掌する事務は、条例で定めなければ

確認問題

4 (　) 支庁、地方事務所、支所等の設置を定める条例の制定は、議会において出席議員の3分の2以上の同意を要する。

5 (　) 法律の定める場合に限り、普通地方公共団体に、保健所、警察署その他の行政機関を設置することができる。

[44] 副知事・副市町村長

1 (　) 都道府県に副知事を、市町村に副市町村長をそれぞれ1人置くが、副市町村長については、条例で置かないことができる。
2 (　) 副知事及び副市町村長を選任し、解職するのは、普通地方公共団体の長であるが、いずれも議会の同意を要する。
3 (　) 普通地方公共団体の長と一定の親族関係にある者は、副知事又は副市町村長となることができない。
4 (　) 副知事・副市町村長の職務には、普通地方公共団体の長の命を受け政策及び企画をつかさどることがある。
5 (　) 副知事・副市町村長の職務には、普通地方公共団体の長の補助機関である職員を監督することがある。

[45] 会計管理者・その他の職員

1 (　) 普通地方公共団体に会計管理者1人を置くが、条例で定めてその定数を増やすことができる。
2 (　) 会計管理者の任期は4年であり、その任期中には心身の故障又は職務上の非行がない限り、解任されない。
3 (　) 普通地方公共団体の長と親子、夫婦又は兄弟姉妹の関係

> 解説

　　　　ならない。
4　×　普通地方公共団体の事務所（本庁）と異なり、総合出先機関の設置を定める条例の議決は、多数決による。
5　×　保健所、警察署その他の行政機関（個別出先機関）は、法律又は条例の定めるところにより設置する。

[44]
Commentary

1　×　副知事及び副市町村長の定数は、条例で定める。また、副知事も副市町村長も、条例で置かないことができる。
2　×　副知事及び副市町村長の解職には、議会の同意を要しない。
3　×　記述のような欠格事由は設けられていない。

4　○　記述のとおり。

5　×　普通地方公共団体の長の補助機関である職員の監督ではなく、職員の担任する事務を監督することである。

[45]
Commentary

1　×　条例で、会計管理者の定数を増やすことはできない。
2　×　会計管理者は、一般職の地方公務員であり、任期はなく、地方公務員法に定める事由によらずに免職されない。
3　○　記述のとおり。

177

にある者は、会計管理者となることができない。
4 （ ）会計管理者は、普通地方公共団体の長の命を受けて、普通地方公共団体の会計事務をつかさどる。

5 （ ）会計管理者は、その処理する会計事務の一部を出納員に委任することができる。
6 （ ）普通地方公共団体の長の補助機関として置かれる全ての職員の定数は、条例で定めなければならない。

[46] 普通地方公共団体の長と議会との関係

1 （ ）普通地方公共団体の長と議会は、いずれも住民から直接選任された機関であるから、議会の職務権限について長が関与することはできない。
2 （ ）普通地方公共団体の議会は議事機関であり、長は執行機関であるから、議会の議決権は、普通地方公共団体の事務の全てに及ぶ。
3 （ ）普通地方公共団体の議会は、自主的に活動する機関であり、議会の招集、会期の決定及び会議の開閉は、全て自主的に決定する。

[47]・[48] 再議

1 （ ）普通地方公共団体の長は、議会における議決、決定又は選挙に異議があるときは、再議に付すことができる。
2 （ ）予算に関する議決を一般再議に付した場合には、出席議員の３分の２以上の同意があれば、その議決は確定する。
3 （ ）一般再議に付された議決と異なる議決をしたときは、普通地方公共団体の長は、再び再議に付すことはできない。

4 （ ）普通地方公共団体の長は、議会の選挙が会議規則に違反

解説

- 4 × 会計管理者は、普通地方公共団体の長の会計監督権に服するが、会計事務の執行については独立の権限を有する。
- 5 × 普通地方公共団体の長は、会計管理者にその事務の一部を出納員に委任させることができる。
- 6 × 職員のうち、臨時又は非常勤の職を除く者の定数を条例で定める。

[46] Commentary

- 1 × 議会の議決に関し、長による再議の制度や専決処分の制度が設けられている。

- 2 × 議会の議決権は、原則として、法律に列挙された事項に限られる。

- 3 × 議会の招集は、普通地方公共団体の長が行う。

[47]・[48] Commentary

- 1 × 一般再議の対象となるのは、議会における議決に限られる。
- 2 ○ 記述のとおり。

- 3 × 再議に付された議決と異なる議決をしたときは、新たな議決と解され、長は、一般再議に付すことができる。
- 4 ○ 記述のとおり。

確認問題

　　　　すると認める場合は、再議に付さなければならない。
5（　）議会の議決が違法である場合であっても、議決後10日を経過したときは、長は、再議に付すことができない。
6（　）普通地方公共団体の義務経費を減額する議決を再議に付し、同じ議決をしたときは、その経費は減額される。
7（　）感染症予防に必要な経費を削除する議決を再議に付し、同じ議決をしたときは、不信任案の議決とみなされる。

[49]　不信任の議決と議会の解散

1（　）議会が長の不信任の議決をする場合には、長を不信任とする理由を明らかにして議決する必要はない。
2（　）議会が長の信任案を法定の要件により議決した場合であっても、不信任案を議決としての効果を有しない。
3（　）議会が不信任の議決をし、その通知を受けて10日以内に議会を解散しないときは、辞職しなければならない。
4（　）不信任の議決に対し議会が解散されたことがある場合に再び不信任の議決をするときは、その要件が緩和される。

[50]　専決処分

1（　）議会が議決する権限又は決定する権限を有する事件の全てが緊急の場合の専決処分の対象となる。
2（　）同一事件につき臨時会を再度招集しても、応じる議員が半数に達しない場合は、専決処分をすることができる。
3（　）議会が会期を空費して議決すべき事件を議決しようとしないときには、専決処分をすることができる。
4（　）予算に関する専決処分の承認を求める議案が否決された

解説

5 × 特別再議の場合には、再議に付すべき期間に法律上の制限はない。
6 × 記述の場合は、長は、その経費及びその経費の支出に必要な収入を予算に計上して、支出することができる。
7 × 長は、その議決を不信任の議決とみなすことができるのであり、当然に不信任の議決とみなされるわけではない。

[49] Commentary

1 ○ 記述のとおり。

2 × 長の不信任の趣旨を明確にしたものが法定の要件でなされた場合は、不信任議決と解される。
3 × 長は、辞職しなければならないのではなく、当然に失職する。
4 × 議会の解散後初めて招集された議会において再び不信任の議決をするときは、その要件が緩和される。

[50] Commentary

1 × 副知事・副市町村長の選任についての同意は、対象とならない。
2 × 記述の場合には、会議を開くことができるから、それだけでは専決処分をすることはできない。
3 ○ 議会において議決すべき事件を議決しないときに該当し、専決処分をすることができる。
4 × 専決処分の承認を求める議案が否決されたとき

ときは、当該予算の効力はその時点から失われる。
5 （ ） 議会の権限に属する軽易な事項で特に議会が指定したものについての専決処分は、議会への報告を要しない。

[51]～[53] 委員会及び委員

1 （ ） 委員会及び委員は、普通地方公共団体の長の管理の下に置かれる執行機関である。
2 （ ） 委員会は、法令に違反しない限り、その権限に属する事務に関し、規則その他の規程を定めることができる。
3 （ ） 委員会及び委員は、その権限に属する事務に関する普通地方公共団体の予算を執行することができる。
4 （ ） 普通地方公共団体の長は、その権限に属する事務の一部を、委員会の委員に補助執行させることができる。
5 （ ） 普通地方公共団体の長は、委員会と協議して、長の補助機関の職員を委員会の事務に従事させることができる。
6 （ ） 全ての普通地方公共団体に置かなければならない委員会は、教育委員会及び人事委員会又は公平委員会である。
7 （ ） 附属機関は、執行機関に附属して、一定の事項の審査、審議等を行い、その結果に基づく処分を行う機関をいう。

[54]～[56] 監査委員

1 （ ） 普通地方公共団体の長は、議会の同意を得て、識見を有する者及び議員のいずれもから監査委員を選任する。
2 （ ） 普通地方公共団体の長又は会計管理者と一定の親族関係にある者は、監査委員となることができない。
3 （ ） 監査委員の監査は、普通地方公共団体における財務に関

解説

でも、専決処分の効力自体に影響はない。
5 × 議会の委任による専決処分は、議会の承認を求める必要はないが、議会に報告しなければならない。

[51]〜[53]　　　Commentary

1 × 委員会及び委員は、普通地方公共団体の長の所轄の下に置かれる。
2 × 委員会の定める規則その他の規程は、条例又は規則に違反することができない。
3 × 委員会及び委員は、原則として、普通地方公共団体の予算の執行の権限を有しない。
4 × 長は、その事務の一部を委員会の委員長又は委員に委任することはできるが、補助執行させることはできない。
5 ○ 記述のとおり。

6 × 普通地方公共団体には、選挙管理委員会も置かなければならない。
7 × 附属機関は、執行機関に附属して、その担任する事項について、調停、審査、審議又は調査等を行う機関をいう。

[54]〜[56]　　　Commentary

1 ○ 記述のとおり。

2 × 会計管理者と親族関係にないことは、監査委員の要件とされていない。
3 × 監査は、公正で効率的かつ合理的な行政を確保

確認問題

する事務の不正や非違の発見を目的として行う。

4 （　） 監査委員は、関係人の出頭を求めて調査することができ、関係人はこれに応じる義務がある。

5 （　） 監査委員は、いつでも普通地方公共団体の財務に関する事務の執行を監査することができる。

6 （　） 監査委員は、その普通地方公共団体が財政的援助を与えている団体の事務の執行全般を監査することができる。

7 （　） 監査委員は、監査の結果の報告に添えて、普通地方公共団体の組織及び運営の合理化に資するため、意見を提出することができる。

[57] 外部監査

1 （　） 外部監査とは、外部の専門家が、外部監査契約に基づいて、監査委員の行う監査に代えて行う監査をいう。

2 （　） 包括外務監査契約を締結しなければならないのは、都道府県、指定都市及び中核市である。

3 （　） 包括外部監査人は、必要と認める特定の事件について、契約期間内に少なくとも1回以上、財務監査を行う。

4 （　） 普通地方公共団体は、事務監査請求に添えて外部監査の求めがあったときは、外部監査契約を締結しなければならない。

[58] 地域自治区

1 （　） 地域自治区の制度は、市町村の事務で地域自治区の区域に係るものを住民の意思に基づいて処理する制度である。

2 （　） 地域自治区には、地域協議会が置かれ、その構成員は、

解説

するために行われる。
4 ○ 記述のとおり。ただし、関係人が応じない場合に、罰則等の定めはない。
5 ○ 財務監査は、定例監査のほか、必要があると認めるときに行う監査（随時監査）がある。
6 × 監査をすることができるのは、財政的援助を与えている団体の事務の財政的援助に係る部分である。
7 ○ 記述のとおり。

[57] Commentary

1 × 包括外部監査契約に基づく監査は、監査委員の監査に代えて行われるものではない。
2 × 指定都市及び中核市以外の市又は町村で外部監査を受けることを条例で定めたものも契約を締結する義務がある。
3 ○ 記述のとおり。
4 × 個別監査契約を締結するのは、外部監査によることができる旨を条例で定める普通地方公共団体において、議会が相当と判断したときである。

[58] Commentary

1 × 地域自治区の制度は、地域自治区の区域の住民に身近な事務を住民の意向を十分に反映して処理する制度である。
2 ○ 記述のとおり。

確認問題

　　　　区域内に住所を有する者から、市町村長が選任する。
3（　）地域協議会は、地域自治区の事務所の所掌事務に関する事項ついて、市町村長に意見を述べることができる。
4（　）市町村長は、地域自治区の区域に係る重要事項の決定に当たっては、地域協議会の同意を得なければならない。

解説

3 ○ 記述のとおり。

4 × 条例で定める市町村の施策に関する重要事項で地域自治区の区域に係るものを決定するときは、あらかじめ、地域協議会の意見を聴かなければならない。

第8章 給付・財務・公の施設

[59] 給与・その他の給付１

【基本】給与その他の給付とは何か。

　給付とは、一般的には、何かを与え、引き渡すことを意味するが、地方自治法での給付は、その例示に給与が挙げてあるように、普通地方公共団体のために提供した何らかの役務や行為、これらに伴って必要な費用に対して支払われる金銭を意味する。給与は、一定の役務の対価として与えられる反対給付であり、給料や手当、その性質を持つ報酬が該当する。その他の給付としては、費用弁償、実費弁償、旅費などがある。

【基本】給付はどのような原則に基づいてされるか。

　これらの給付は、法律又はこれに基づく条例によらなければ、いかなるものも支給することができない（204条の２）。つまり、ⅰ法律に基づく場合、ⅱ法律に根拠を持つ条例に基づく場合、この２つの場合にのみ、支給できることを意味する。したがって、法律に規定されていないものを、条例で給付することはできない。通常は、給付の種類など原則を法律で定め、その額や支給方法など具体的な内容を条例で定める。このような法定主義の原則は、一方では勤務条件を法令で定めるという公務における勤務条件の決定の要請と、他方では財政民主主義の要請とを根拠とする。

【発展】議会の議員、非常勤の職員、常勤の職員には、それぞれどのような給付がされるか。

１　議会の議員の議員報酬等（203条）

　ⅰ議員に対しては議員報酬を支払う。議員報酬の性格は、勤務に対する反対給付である給与とは異なる。つまり議員については、勤務日数に応じた報酬という原則は適用されない。また、ⅱ議員に対しては、その職務を行うために要する費用を弁償する。さらに、

重要度 ★★★

ⅲ議員には、条例で定めれば、期末手当を支給することができる。
　議員報酬、費用弁償、期末手当の額と支給方法は、条例で定めなければならない。
2　非常勤の職員の報酬等（203条の2）
　非常勤の委員及び職員に対しては、報酬を支払う。非常勤の委員及び職員には、委員会や審査会などの委員その他の構成員、専門委員、投票管理者などの選挙関係者、非常勤の職員（短時間勤務職員を除く。）を含む。報酬は、こういった勤務に対して支払うものであるから、反対給付としての性格、つまり給与としての性格を持つ。その額は、原則として勤務日数に応じて定める。ただし、これによらず、条例で特別の定めをすることができる。さらに、非常勤の職員に対しては、その職務を行うために要する費用を弁償する。
　報酬と費用弁償の額と支給方法は、条例で定めなければならない。
3　常勤の職員の給料等（204条）
　普通地方公共団体の長をはじめ、その執行機関や補助機関、議会事務局などの機関に属する常勤の職員に対しては、給料、手当、旅費を支給する。短時間勤務職員（地公法28条の5第1項）についても同様である。給料は、正規の勤務時間に対する反対給付であり、手当はその職務の性質などに応じて支給されるもので、両方を含めて給与という。旅費は、実費弁償的な意味を持つ。これらは、いずれもその額と支給方法を条例で定めなければならない。なお、地方公務員法では、ⅰ職員の給与は条例で定めること、ⅱ条例によらなければいかなる金銭・有価物も支給してはならないことが規定されている。

[60] 給与・その他の給付2

【発展】地方公務員の給与に関する定めは職種に応じてどのようになっているか。

給与に関する定めは、次のようになっている。
① 一般職の地方公務員（地公法24～26条）　職務と責任に応じた給与とその決定原則を定め、条例主義を採用し、給料表、手当、支給方法・条件等は、条例で定める。
② 企業職員（地公企法38条）　給料と手当とし、職務の内容と責任に応じ、かつ、職員の発揮した能率が充分に考慮されるものでなければならない。給料と手当の決定の考慮事項が定められ、その種類と基準は条例で定める。
　なお、ⅰ企業職員以外の地方公営企業に勤務する一般職の職員、ⅱ単純な労務に雇用される一般職の職員も同様の扱いとなる（地公労法17条・附則5項）。
③ 特定地方独立行政法人の職員（地方独法法51条）　職務の内容と責任に応じ、かつ、職員が発揮した能率が考慮されるものでなければならない。特定地方独立行政法人が、退職手当以外の給与と退職手当の支給の基準を定め、これを設立団体の長に届け出るとともに公表する。
④ 教育公務員等教育機関の職員（地教行法35・42条）　原則として一般職の職員と同様だが、県費負担教職員の給与は都道府県の条例で定める。また、時間外勤務手当及び休日勤務手当の不支給と教職調整額の支給の特例がある（教員給与特措法）。
⑤ 地方警察職員（警察法56条）　一般職の職員とほぼ同様で、警察庁の職員の例を基準として条例又は人事委員会規則で定める。
⑥ 消防職員（消防組織法16条）　原則として一般職の職員と同様である。

重要度　★☆☆

【発展】どのような手当をどのような職員に支給することができるか。

1　支給可能な手当の種類（204条2項）

地方自治法は、扶養手当、地域手当、住居手当、初任給調整手当、通勤手当、単身赴任手当、特殊勤務手当、特地勤務手当（これに準ずる手当）、へき地手当（これに準ずる手当）、時間外勤務手当、宿日直手当、管理職員特別勤務手当、夜間勤務手当、休日勤務手当、管理職手当、期末手当、勤勉手当、寒冷地手当、特定任期付職員業績手当、任期付研究員業績手当、義務教育等教員特別手当、定時制通信教育手当、産業教育手当、農林漁業普及指導手当、災害派遣手当（武力攻撃災害等派遣手当・新型インフルエンザ等緊急事態派遣手当を含む）、退職手当を定めている。

2　手当の支給

普通地方公共団体は、常勤の職員・短時間勤務職員に対し、法定された手当を支給することができる。法定されていない手当は、支給できない。手当の額や支給方法等は条例で定める。

【発展】給付に関する処分に対する審査請求はどうするか。

給与その他の給付に関する処分に対して審査請求ができるが、これには、次のような特例が定められている（206条）。

① 普通地方公共団体の長以外の機関がした処分についての審査請求は、法律に特別の定めがある場合を除き、長が最上級行政庁に当たらない場合でも、長に対してする。なお、一般職の地方公務員の不利益処分については、地方公務員法に基づき、人事委員会・公平委員会に審査請求が可能とされており、この「特別の定めがある場合」に該当すると解される。

② 長は、審査請求について、議会に諮問して決定する。議会は、諮問の日から20日以内に意見を述べなければならない。

[61] 会計年度・会計の区分1

【基本】普通地方公共団体の会計とは何か。

　会計とは、収入と支出を区分整理して、その関係を明らかにするものである。会計を明確にすることによって、ⅰ普通地方公共団体の事務の処理の原則である「最少の経費で最大の効果を挙げる」（2条14項）ことに資するとともに、ⅱ地方財政運営の基本である地方「財政の健全な運営」（地財法2条1項）を確保しようとするものである。換言すれば、収入を適正かつ効率的に支出するように明らかに表示する、ということになる。

【基本】会計年度は、どのようになっているか。また、どのような意味をもっているか。

1　会計年度の区分・意義

　会計を明確にするには、一定期間ごとに区分整理することが必要となる。この期間を会計年度という。通常は、1年を1期とし、これを1会計年度という。普通地方公共団体の会計年度は、毎年4月1日に始まり、翌年3月31日に終わる（208条1項）。会計は、1会計年度における一切の収入である歳入と、同じく一切の支出である歳出とに分けて整理する。この場合の歳出・歳入とは、普通地方公共団体の需要を充たすための現金の支払と、その財源となる現金の収納をいう。

2　会計年度独立の原則

　各会計年度は、相互に独立であることを原則とする。これを会計年度独立の原則という。各会計年度の歳出は、その年度の歳入をもって支弁しなければならない（208条2項）ことを内容とする。逆にいえば、毎会計年度の歳入・歳出の経費の金額は、翌年度において使用することができない。この原則は、国やその関係行政機関においてもほぼ同様に適用されている。

重要度 ★★★

【発展】会計年度独立の原則に例外はあるか。

　会計年度独立の原則を貫くと、行財政運営上不都合が生じる場合があり、財政の合理的・効率的な運用を図るために、この原則の例外が次のとおり認められている。
① 継続費（212条）　経費の総額と年割額を定めて、数年度にわたって支出できるのが継続費であるが、その年割額の金額のうち、その年度内に支出を終わらなかったものは、その継続費の最終年度まで、順次繰り越して使用できる。
② 繰越明許費（213条）　その性質上、あるいは、予算成立後の事由に基づいて、年度内に支出を終わらない見込みのあるものは、翌年度に繰り越して使用できる。予算の定めが必要であり、翌年度に歳入も繰り越さなければならない。
③ 事故繰越し（220条3項）　年度内に支出負担行為をしたが、避けがたい事故のため年度内に支出を終わらなかったものは、翌年度に繰り越して使用できる。
④ 過年度収入・過年度支出（243条の5）　前年度以前の年度に属するはずの収入が、出納閉鎖後に収入された場合、これをその収入された年度の収入とするのが、過年度収入である。同様の扱いになる支出が、過年度支出である。
⑤ 歳計剰余金繰越し（233条の2）　各会計年度において決算上剰余金を生じたときは、その剰余金は翌年度の歳入に編入する。条例又は議会の議決により基金への編入もできる。
⑥ 翌年度歳入繰上充用（施行令166条の2）　会計年度が経過した後に、歳入が歳出に対して不足する（つまり赤字となる）場合に、翌年度の歳入を繰り上げて充てることができる。赤字決算が認められていないことに対応する。なお、繰上充用は、出納閉鎖前に行うべきものとされる。

[62] 会計年度・会計の区分 2

【基本】会計はどのように分けられるか。

1 会計の意義

会計は、基本的には金の出入りの全般を把握することを目的としているから、全ての歳入・歳出を単一の予算に編入することが妥当だと考えられる。これを単一予算主義の原則という。

2 一般会計と特別会計（209条1項）

1の原則があるとしても、実際上は、地方公共団体の事務の多様化とその予算の増大を受けて、単一の会計で地方公共団体の全ての事務を処理することが困難であるので、特定の歳入・歳出を分別して経理することが必要となる。そのために、会計を分けて、一般会計と特別会計とすることが認められている。特別会計は、特定の歳入で特定の歳出を賄うとする考え方で、特定の事業を行う場合など、一般の歳入歳出と区分して経理する必要があるときに認められる。

【発展】歳入歳出はどのように会計年度に区分されるか。

1 歳入歳出の意義

① 歳入とは、1会計年度における一切の収入であり、普通地方公共団体の需要を充たすための支払の財源となる現金及び現金に代えて納付される証券をいう。したがって、各種保証金や他の普通地方公共団体の嘱託による徴収金などは、その普通地方公共団体の需要を満たすためのものではないから歳入には該当しない。

② 歳出とは、1会計年度における一切の支出であり、その普通地方公共団体の需要を満たすための支払である。

2 会計年度の区分

個別の収入・支出がどの会計年度に属する歳入・歳出となるか、

これが会計年度所属区分であるが、基本的には、発生主義という考え方と現金主義という考え方がある。発生主義は債権債務の生じた時点で区分し、現金主義は現実に収入支出の行われた時点を基準とする。地方自治法ではその基準を政令に委ねている（243条の5、施行令142・143条）。現金出納に重点を置く普通地方公共団体の経理は、現金主義が妥当すると言われる。地方公営企業では、私企業と同様に、発生主義を採用する（地公企法20条）。

【発展】特別会計はどうして必要か。

1 特別会計の必要性

特別会計は、一般会計と区分して経理するものであり、全ての収支を一覧するという単一予算主義の例外となる。したがって、特別会計を設けるには、予算の統一性の観点から実務上も合理的と考えられる必要性が求められる。

2 特別会計の設置（209条2項）

特別会計を設置できる場合は、ⅰ特定の事業を行う場合と、ⅱ特定の歳入をもって特定の歳出に充て一般の歳入歳出と区分して経理する必要がある場合、とである。ⅰの例としては、港湾整備事業、宅地造成事業、下水道事業などがあり、また、地方公営企業法の適用される事業（水道事業、自動車運送事業、ガス事業など）は、同法でその事業ごとの特別会計の設置が義務づけられる。ⅱの例としては、貸付金特別会計や証紙収入特別会計などがある。

特別会計は、条例で設置することができる。特別会計ごとに個別の条例を定めても、一括して1つの条例にまとめてもよい。なお、特別会計の設置が法律で義務付けられている場合には、条例の根拠を要しない。

[63]　予算1

【基本】予算とは何か。

　予算は、その内容としては、1会計年度における普通地方公共団体の歳入と歳出の予定的な計算であり、形式的には、普通地方公共団体の長が作成し、議会で議決されることによって成立する一種の法形式である。

　1会計年度における一切の収入及び支出は、全て歳入歳出予算に編入しなければならない（210条）。これを総計予算主義という。1つの予算に編入するということは、全体を把握しやすくし、健全財政の維持に貢献する、と考えられているが、必要がある場合には、一般会計と特別会計とを区分して経理することができる（[62]参照）。

【基本】予算はどのように決定されるか。

1　予算の調製

　予算の調製は、普通地方公共団体の長の権限であり（[40]参照）、長は、予算を年度開始前に議会に提出し、その議決を経なければならない。議会には、遅くとも年度開始前、都道府県と指定都市では30日、その他の市と町村では20日までに提出するようにしなければならない（211条1項）。長は、同時に、予算に関する説明書を併せて提出しなければならない（同条2項）。

2　予算の議決

　予算を定めるのは議会である（[25]参照）。予算を定める議決があったときは、議会の議長は、その日から3日以内に普通地方公共団体の長に送付しなければならない（219条1項）。長は、予算の送付を受けた場合において、再議その他の措置を講ずる必要がないと認めるときは、直ちに、その要領を住民に公表しなければならない（同条2項）。

重要度 ★★★

【基本】予算はどのようなものから成るか。

予算は、ⅰ歳入歳出予算、ⅱ継続費、ⅲ繰越明許費、ⅳ債務負担行為、ⅴ地方債、ⅵ一時借入金、ⅶ歳出予算の各項の経費の金額の流用に関する定めを内容とする（215条）。

【基本】歳入歳出予算とは何か。

1　歳入歳出予算の意義

予算の中心部分に位置づけられる歳入歳出予算は、歳入と歳出とに分けられるが、歳入は収入の見積りであり、歳出は支出の内訳である。ともに予定の性格を持っているが、歳入が見積りそのものであって、これに拘束性はないのに対し、歳出は提示される目的にその金額を上限とする経費の支出を認めるものであって、権限付与的であるとともに、拘束性を持つ。

2　歳入歳出の区分（216条）

歳入は、収入の性質に従って区分し、歳出は、支出の目的に従って区分することになる。その区分項目は順にⅰ款とⅱ項とされる。款と項は、議決の対象となるので、「議決科目」といわれる。これに対して、項より下位の分類であるⅲ目とⅳ節は、「執行科目」といわれる。また、議決科目と執行科目を合わせて「予算科目」といわれる。

3　予備費（217条）

歳入歳出予算には、予算外の支出又は予算超過の支出に充てるため、予備費を計上しなければならない。ただし、特別会計については、計上しないことができる。予備費は、議会の否決した費途に充てることができない。

[64] 予算2

【基本】予算にはどのような種類があるか。

予算の種類として、次の3つを挙げることができる。

① 当初予算　本予算という場合もある。補正予算又は暫定予算が生じた場合に使われる名称で、法令上の名称ではない。通常は、単に「予算」と言えば、これを意味する。

② 補正予算（218条1項）　既定の予算に追加その他の変更を加える必要が生じたときに調製する予算である。その必要は、予算（当初予算）の調製後に生じた事由に基づくものでなければならない。調製後の事由であればよいから、予算の議決前に生じたものでも構わない。年度内に調製する補正予算の回数に制限はないが、年度経過後に補正することはできない（施行令148条）。補正予算が議決されて成立すると、本予算といわば一体となる。

③ 暫定予算（218条2・3項）　必要に応じて、1会計年度のうちの一定期間について調製するもので、本予算が成立するまでの間の歳入歳出を規定するものである。したがって、本予算が成立したときには、その効力を失う。ただし、暫定予算に基づいてした支出や債務の負担は、本予算に基づく支出や債務の負担とみなされる。

【基本】予算はどのように執行されるか。

予算執行権は、普通地方公共団体の長にある（[40]参照）。長は、一定の基準に従って執行手続を定め、これに従って予算を執行しなければならない（220条1項）。その執行の適正を確保するために、長には、予算執行状況等について、報告徴収・調査・措置要求をする権限が認められている。その権限の対象は、執行機関やその管理に属する機関にとどまらず、工事の請負契約者など

重要度 ★★★

の契約の相手方、地方公共団体の出資法人などの関係法人などにも及ぶ（221条）。

【発展】経費は予算のとおりに使用しなければならないか。

経費は、予算のとおりに使用するのが原則であるが、次のとおり例外が認められる。

1　予算の流用（220条2項）

予算の執行上、款又は項の間では、流用が禁止されている。支出の目的によって区分され、議会の議決対象である以上、流用を認めると議決の意味が失われ、財政の民主主義的なコントロールができなくなるからである。しかし、ある程度の融通は必要になるから、ⅰ項の間であること、ⅱ予算で定めていること、この2つの要件を満たし、かつ、ⅲ予算の執行上必要がある場合に限り、流用が認められる。

2　弾力条項（218条4項）

事業経費を主としてその事業収入をもって充てる特別会計であって、条例で定めるものについては、業務量の増加によって業務に直接必要となる経費が不足する場合に、増加した業務によって増えた収入をその不足する経費（職員の人件費を除く。）に充てることができるとする特例（弾力条項）がある。ただし、この場合には、普通地方公共団体の長は、次の会議において、議会に報告しなければならない。

3　事故繰越し（220条3項）

会計年度独立の原則からすれば、繰越明許費及び継続費の順次繰越し以外の経費の金額は、翌年度に繰り越して支出することはできない。ただし、年度内に支出負担行為をしたが、不可避の事故によってその年度内に支出が終わらなかった場合には、その金額を翌年度に繰り越して使用することができる（［61］参照）。

[65]　予算3

【発展】継続費とは何か。

　予算の内容項目の1つで、完成までに数年かかる工事や事業など、その支出が数年度に及ぶ事件の経費をいう。予算には、その総額と各年度の支出額である年割額とを定めなければならない（212条）。数年度にわたって支出することができるから、会計年度独立の原則の例外となる（[61] 参照）。

【発展】繰越明許費とは何か。

　歳出予算のうちで、年度内にその支出が終わらない見込みのあるものを、翌年度に繰り越して使用できるようにする経費をいう（213条）。ⅰその性質上支出が終わらないと見込まれるものと、ⅱ予算成立後の事由に基づいて支出が終わらないと見込まれるものとの2つに限定される。これも、会計年度独立の原則の例外となる（[61] 参照）。

【発展】債務負担行為とは何か。

1　債務負担行為の意義（214条）

　通常、普通地方公共団体が債務を負担する場合は、歳出予算で定められている金額、継続費の金額、繰越明許費の金額のいずれかによってすることになる。これ以外に債務を負担する場合には、債務負担行為として、予算で定めなければならない。将来の支出を明確にするものである。債務負担行為には種々あり、契約が主なものといえる。

2　長期継続契約についての例外（234条の3）

　長期継続契約は、契約であるが、債務負担行為として議会の議決を経ることを要しない。長期継続契約とは、ⅰ電気、ガス、水の供給を受ける契約、ⅱ電気通信役務の提供を受ける契約又はⅲ

重要度 ★★★

不動産を借りる契約である。このほか、ⅳ翌年度以降にわたり㋐物品を借り入れ又は㋑役務の提供を受ける契約で、その契約の性質上翌年度以降にわたり契約を締結しなければ当該契約に係る事務の取扱いに支障を及ぼすようなもののうち、条例で定めるものが対象となる（施行令167条の17）。これらは、債務負担行為として予算に定める必要はないが、各年度における経費の予算の範囲内で供給を受ける（[74] 参照）。

【発展】予算と条例・規則とはどのような関係にあるか。

条例や規則の執行には、通常、経費が必要となる。しかし、予算と条例、あるいは予算と規則は、制定権者が異なったり、法形式が異なったりするから、その相互の整合性を確保することが要請される。

したがって、普通地方公共団体の長は、予算を伴うこととなる条例などの議決案件は、予算措置が適確に講ぜられる見込みがたつまでは、議会に提出してはならない。また、規則その他の規程の制定や改正についても、予算措置が適確に講ぜられる見込みがたつまでは、制定・改正をしてはならない（222条）。

[66] 収入1

【基本】普通地方公共団体の収入にはどのようなものがあるか。

普通地方公共団体の収入として、地方自治法には、ⅰ地方税、ⅱ分担金、ⅲ使用料、ⅳ加入金、ⅴ手数料、ⅵ地方債が定められている。これらのほか、地方交付税、地方譲与税、補助金、助成金、交付金等のように国から交付を受ける収入もある。また、延滞金、過料等も普通地方公共団体の収入となる。

【基本】収入はどのような手続によるか。

1 収入の手続の概要（231条）

歳入を収入する（普通地方公共団体の収入とする）手続は、ⅰ調定→ⅱ納入の通知→ⅲ現金による納付、という過程を経るのが原則である。

2 調定と納入通知

調定とは、収入の原因となる権利の内容を調査し、収入の決定をする内部意思決定行為である。所属年度、歳入科目、納入すべき金額、納入義務者等が誤っていないかなど、法令や契約に違反する事実がないかどうかを調査する。調査の上、誤りがなく、適法であると確認されれば、原則として、納入義務者に対して納入の通知をしなければならない。納入の通知は、納入通知書によって行うが、納入通知書には、所属年度などのほか、納期限、納入場所、納入の請求の事由も記載しなければならない。ただし、その性質上このような通知書では不適当である場合には、書面によらず、掲示や口頭により納入の通知を行うことも可能である。例えば、美術館の入場料などは掲示によって、駐輪料などは掲示や口頭によって行うことができると考えられる（施行令154条）。

重要度 ★★☆

【基本】収入のうち地方債はどのようなものか。

1 地方債の意義

地方債は、借金であることには違いないが、ⅰ普通地方公共団体の資金を調達するものであること、ⅱ証書借入れや証書発行という形式をとること、ⅲ返済は1会計年度を超えて行われること、といった点で、通常の借金と異なる。

地方債によって、財政負担の平準化、住民の負担の世代間の公平化等を図ることができるものとされる。

2 起債の手続等

地方債を起こすには、ⅰ総務大臣や都道府県知事との協議（実質公債費比率が政令で定める数値未満等の要件を満たす地方公共団体について公的資金以外の資金に係る起債に協議を不要とする例外が認められる。）又は場合により許可が必要であること、ⅱ予算の定めるところによること、ⅲ起債の目的や限度額・起債の方法・利率・償還の方法も予算で定めること、といった制約が課される（230条・地財法5条の3～5条の8）。

また、ⅳ地方債を財源とすることのできる場合も限定されていて、㋐公営企業、㋑出資金・貸付金、㋒地方債借換え、㋓災害応急事業等、㋔一定の施設費などの財源とする場合に認められる（地財法5条）。なお、当分の間、公共施設、公用施設その他の地方公共団体が所有する建築物その他の工作物（公営企業に係るものを除く。）の除却についても、一定の場合には、地方債を財源とすることが認められる（地財法33条の5の8）ほか、種々の特例が定められている（地財法33条以下参照）。

[67] 収入2

【基本】収入はどのような方法で徴収するか。

収入の方法は、現金によるのが原則であるが、次のような方法によることもできる。

① 使用料・手数料については、条例の定めるところにより、証紙によることができる。この場合は、証紙の売りさばき代金が歳入となる（231条の2第1・2項）。

② 指定金融機関の指定（[75]参照）をしているときには、口座振替の方法によることができる（231条の2第3項・施行令155条）。

③ 指定金融機関の指定をしているときには、証券によって納付することもできる。納付に使用できる証券は、持参人払式の小切手や会計管理者等を受取人とする小切手、無記名国債や地方債等に限定される。有効な支払の請求をしたが、支払の拒絶があったときは、初めから納付がなかったとみなされる（231条の2第3・4項・施行令156条）。

なお、指定金融機関の指定をしていない市町村では、提供を受けた証券の取立て及び取り立てた金銭による納付の委託を受けることができる（231条の2第5項）。つまり、証券による納付ではなく、証券による納付の委託を受けることである。

④ クレジット・カード類による納付は、普通地方公共団体の長の指定する業者（指定代理納付者）のクレジット・カードやその番号等を提示・通知してこれによる納付の申出をし、これを普通地方公共団体が承認することにより行う。この場合、納付期日が特別に扱われる（231条の2第6・7項）。

【発展】収入を確保するための手段はどうなっているか。

地方税の徴収は地方税法に基づいて行われるが、その方法は、

重要度 ★☆☆

税の種類によって異なる。しかし、納期限までに納入されない場合には、原則として督促し、それでも納入されないときは滞納処分（財産を差し押さえて強制換価する）を行う。

分担金や過料などの歳入についても、同様に、督促と滞納処分によって収入を確保する。すなわち、これらの歳入を納期限までに納付しない場合には、普通地方公共団体の長は、期限を指定して督促しなければならない。歳入について督促をした場合、条例の定めるところにより、手数料と延滞金を徴収することができる。督促を受けた者がその期限までに納付金額を納付しないときは、その歳入の金額に手数料と延滞金とを加えた額について、滞納処分の例によって処分することができる。この手続は、地方税の例による（231条の3第1～4項）。

【発展】収入確保の処分に不服があるときはどうするか。

地方税の督促や滞納処分についての審査請求は、地方税法の定めるところによるが、分担金、使用料等については、行政不服審査法による審査請求ができる。この場合の審査請求については、次のような特例が定められている（229条・231条の3第5～9項）。

① 普通地方公共団体の長以外の機関がした処分についての審査請求は、長が最上級行政庁に当たらない場合でも、長に対してする。

② 長は、審査請求があったときは、議会に諮問して決定する。議会は、諮問があった日から20日以内に意見を述べなければならない。

③ 裁判所への出訴は、審査請求に対する裁決を経た後でなければすることができない。

[68] 地方税・分担金・使用料・手数料1

【基本】地方税の賦課徴収の根拠は何か。

　収入のうち地方税は、地方税法の定めるところにより、課される（223条・地方税法2条）。地方税の税目、課税客体、課税標準、税率その他賦課徴収について定めをするには、条例によらなければならない（地方税法3条）。このような条例による地方税の課税と憲法の租税法律主義(84条)との関係が議論されている。判例（平25・3・21最判）では、普通地方公共団体は、「地方自治の不可欠の要素として、…国とは別途に課税権の主体となることが憲法上予定されている」が、地方税の「税目、課税客体、課税標準、税率その他の事項については、憲法上、租税法律主義（84条）の原則の下で、法律において地方自治の本旨を踏まえてその準則を定めることが予定されており…これらの事項について法律において準則が定められた場合には、普通地方公共団体の課税権は、これに従ってその範囲内で行使されなければならない」とする。ただし、地方公共団体の自治権は課税権も含み、憲法84条の「法律」には条例も含まれるから、条例による課税も可能とする学説も多い。

【基本】分担金とは何か。

　分担金は、住民のうちの数人又は住民の一部に対して利益のある事件について、それに要した費用に充てるために、その利益を受ける者に求める負担である（224条）。分担金は、受益の限度において徴収することができる。分担金については、条例で定める(228条)。なお、ⅰ地方税法により不均一の課税をし、又は普通地方公共団体の一部に課税をするとき、あるいはⅱ水利地益税を課し、又は共同施設税を課するときは、同一の事件に関し分担金を徴収することができない（施行令153条）。

重要度 ★★☆

【基本】使用料とは何か。

　使用料は、普通地方公共団体の有する財産などを使用する際に徴収することができる。ⅰ許可を受けて行政財産を使用する場合、ⅱ公の施設を利用する場合、ⅲ公有財産を旧来の慣習により使用する場合、の3つの場合がある（225・226条）。なお、これらのほか、法律上、ⅳ地方公営企業の利用料金（地公企法21条）、ⅴ地方公共団体の管理に属する国の営造物で当該地方公共団体が管理費用を負担するものの使用料（地財法23条）が規定されている。使用料については、条例で定める（228条）。

【基本】加入金とは何か。

　収入の中でも加入金はやや特殊であり、一部の住民によって旧慣習に基づいて公有財産（例えば、山林、ため池など）が使用されている場合、それまで使用していなかった者がその使用関係に新たに参入し、使用許可を受けて使用を開始するときに、徴収する（226条）。もちろん、使用を始めたならば、使用料が徴収される。加入金については、条例で定める（228条）。

【基本】手数料とは何か。

　手数料は、普通地方公共団体の事務で、申請者などある特定の人のためにするものについて、徴収する（227条）。手数料については、条例で定める。この場合、標準事務について手数料を徴収するときは、標準事務のうち政令で定める事務につき政令で標準額を定めるので、これを標準として定めなければならない。標準事務とは、全国的に統一して手数料を定めることが特に必要と認められる事務であり、具体的には政令で定められる（228条）。

[69] 地方税・分担金・使用料・手数料 2

【発展】地方税は、どのように分類されるか。

1　地方税の種類

地方税法では、地方税とは、道府県税又は市町村税をいう（2条）。さらに、同法は、地方税を普通税と目的税に分けている（4・5条）。普通税は、その収入の使途を特定せずに一般経費に充てるために課される税であり、目的税は、特定の費用に充てるために課される税である。

また、地方税法により税目が法定されている法定税と、それ以外のもので地方団体が別に税目を起こして一定の手続、要件に従い課する法定外税がある。

2　法定外税の新設等の手続

法定外税を新設・変更しようとする場合においては、あらかじめ、総務大臣に協議し、その同意を得なければならない。総務大臣は、協議の申出に係る法定外税について地方税法に掲げる事由（国税又は他の地方税と課税標準を同じくし、かつ、住民の負担が著しく過重となること等）があると認める場合を除き、これに同意しなければならない（地方税法259条等）。

【発展】分担金等の徴収に関してどのような制裁が可能か。

分担金、使用料、加入金及び手数料に関する事項については、条例で定めなければならない。手数料については、標準事務についての規制がある（[68] 参照）。

これらの収入を確保するために、違反者に対しては、条例で定めることにより、過料を科することができる。これには次のような2種類が認められている。

① 詐欺その他の不正な行為によって分担金等の徴収を免れた者に対しては、その徴収を免れた金額の5倍に相当する金額以下

の過料を科することができる。ただし、5倍相当額が5万円を超えないときは、上限は5万円とされる（228条3項）。

② これ以外の徴収に関しては、5万円以下の過料を科することができる（228条2項）。

①は、過料について、通常の場合に条例で定めることが可能な上限額である5万円（14条3項）を超える過料の設定を認めるものである。

【発展】分担金等の徴収処分に対して不服がある場合はどうしたらよいか。

分担金等の徴収に関する処分に対しては、審査請求をすることができるが、この場合、次のような特例が設けられている（229条）。

① 普通地方公共団体の長以外の機関のした分担金・使用料・加入金・手数料の徴収に関する処分に対する審査請求は、長が当該機関の最上級行政庁でない場合でも、長に対してする。

② 長に審査請求があった場合には、議会に諮問して決定しなければならない。議会は、諮問があった日から20日以内に意見を述べなければならない。

③ 裁判所への出訴は、審査請求に対する裁決を経た後でなければすることができない。

なお、過料については、普通地方公共団体の長が過料の処分をする場合に、処分を受ける者に対して事前に告知し、弁明の機会を与えなければならない（255条の3）。過料の処分に不服のある者は、通常のとおり、行政不服審査法に基づく審査請求を行うことになる。

[70] 支出 1

【基本】普通地方公共団体はどのような費用を支出するか。

　普通地方公共団体が支出するものとされる経費は、ⅰその普通地方公共団体の事務を処理するために必要な経費、ⅱその他法令によりその普通地方公共団体の負担とされる経費、の2種類に分けることができる（232条1項）。もちろん、原則として、もっぱら国の利害に関係のある事務に要する経費や普通地方公共団体が処理する権限を有しない事務に要する経費は、普通地方公共団体が負担すべきものではない。また、法律、これに基づく政令により事務処理を普通地方公共団体に義務付ける場合に、国はそのための財源について必要な措置を講じなければならない（232条2項）。

　ⅰ・ⅱの経費のほか、普通地方公共団体が任意に必要に応じて支出をすることは、法令に違反しない限り、あるいは、その存在意義に反しない限り、認められると解される。憲法は、公金をⅰ宗教上の組織や団体のために、又はⅱ公の支配に属しない慈善・教育・博愛の事業に支出することを禁じている（89条）が、普通地方公共団体による寄附や補助が一般的に禁じられているわけではなく、公益上必要ならば認められる（232条の2）。

【基本】どのような機関が支出を担当するか。

　普通地方公共団体の支出を担当する機関は、ⅰ命令機関とⅱ出納機関という二重の仕組みを採用している。つまり、ⅰ命令機関である普通地方公共団体の長が、支出を命令し、ⅱこれに基づいて出納機関である会計管理者が支出をする（232条の4第1項）。長の命令権限は、予算執行権と会計監督権（［40］参照）とを根拠とすると解することができる。ただし、長の権限も会計管理者の権限も、いずれも法律の定めるところにより、代理や委任が可

重要度 ★★☆

能である。また、政令で定める電気・ガス・水道・電気通信役務などの公共料金やこれに準ずるもの（例えば新聞等の定期刊行物の購入費等）については、支出負担行為に係る債務の確定前に支出命令を行うことができ、個々の支出ごとにこれを行うことを要しない（施行令160条の2）。

【基本】どのような手続で支出がされるか。

1 支出負担行為

支出をする場合には、支出の原因となる行為が前提にあり、これを支出負担行為という。支出負担行為は、法令又は予算の定めるところに従って、しなければならない。例えば、支出負担行為の典型的なものは契約であるが、その締結に関する規制（［73］・［74］参照）や一定の契約についての議会の議決（［25］参照）が定められており、これらに従わなければ適法とはならない。なお、契約以外の支出負担行為としては、補助金等の交付の決定、給与その他の給付の支出の決定などがある。

2 確認

会計管理者は、普通地方公共団体の長の支出命令がなければ支出をすることができず（232条の4第1項）、支出命令があったとしても、支出の原因である支出負担行為がⅰ法令や予算に違反していないこと、かつ、ⅱその債務が確定していることの2点を確認した上でなければ支出できない（同条第2項）。

支出は、債権者のためでなければすることができない（232条の5）。つまり、確定した債務に対し、確定した債権者のために支出するということである。債権者自身に対してだけでなく、債権者から正規に代金受領の委任を受けた者、転付命令があった場合の差押債権者等に対しても支払をすることができる。

[71] 支出2

【基本】どのような方法で支出がされるか。

　会計管理者が実際に支出するためには、法令に違反しないことのほか、原則として、ⅰ債権者が確定していること、ⅱ債務金額が確定していること、ⅲ支払期限が到来していること、ⅳ債権者のために支出することが必要となる。ただし、以上の条件を満たさない例外的な支出も認められる。また、原則として、公金の徴収や収納・支出の権限は、私人に委任したり、私人に行わせることができないが、この例外も認められる（243条）。

【発展】特別な支出の方法にはどのようなものがあるか。

　支出は、確定した債務について、債権者のために現金で支払うのが原則である。しかし、さまざまな支出の必要に対応して、次のような例外的な支出方法が認められている（232条の5）。ただし、特例が認められる経費は限定されている。

① 資金前渡　職員が現金支払いをするためにその資金をあらかじめその職員に渡しておくこと。外国において支払いをする経費など。債権者が確定していない、債務金額が確定していない、支払期限が到来していない、債権者のための支出でない点で特例になる。

② 概算払　概算で支出し、後に精算する。旅費など。債務金額が確定していない、支払期限が到来していない点で特例になる。

③ 前金払　前金で支払う。補助金、負担金など。債務金額が確定しているが、支払期限が到来していない点で特例になる。

④ 繰替払　ある収入から、関連のある一定の支出のための支払をする。地方税の収入金から直接報奨金を支出するなど。支出は一般の歳入金を財源とするという原則の特例になる。

⑤ 隔地払　あらかじめ債権者に通知して支払場所を指定し、指

定金融機関等に資金を交付して送金手続をさせる。ただし、指定金融機関等は、資金の交付を受けた日から1年を経過した後では、支払うことができない。もちろん、債権債務関係は存在するから、会計管理者は、債権者から支払請求があれば支払わなければならない。現金で支払う原則の特例になる。

⑥ 口座振替　原則として、指定金融機関等に預金口座をもっている債権者から申し出があったときにできる。⑤と同じく現金で支払う原則の特例になる。

なお、公金を私人が扱うことは原則として禁止されているが、指定金融機関等にその収納・支払の事務を取り扱わせる例外があり、また、一定の経費の支出について私人に委託することも認められる（施行令165条の3）。

【発展】現金出納に例外は認められるか。

現金出納の原則に対する特例として、ⅰ小切手の振出による支出と、ⅱ公金振替書の交付による支出とがある（232条の6）。指定金融機関を指定している場合（[75]参照）には、原則として、指定金融機関を支払人とする小切手を振り出すか、公金振替書を指定金融機関に交付するかして、支出することになる。小切手や公金振替書の記載要件は、政令で定められている。小切手の振出は、会計管理者の権限である。

小切手を振り出す場合であっても、債権者が現金支払を申し出たときには、現金で支払わなければならない。会計管理者が自ら支払うか、指定金融機関に支払わせるか、いずれかによることになる。なお、指定金融機関は、提示された小切手が振出日付から10日以上経過していても、1年を経過していないものであるときは、支払をしなければならない。

[72] 決算

【基本】決算とは何か。だれが作成するか。

1 決算の意義
決算は、実際にどのような支出があったかを整理して、記録してまとめたもので、1会計年度の支出の状況を明確にするものである。

2 決算の調製
決算をまとめることを、決算を調製するといい、これを担当するのは、会計管理者である。決算は、毎会計年度に調製しなければならない（233条1項）。対象は歳入歳出予算についてである。

決算を調製するのは、出納を閉鎖してからでなければならないが、出納の閉鎖は、翌年度の5月31日である（235条の5）。したがって、この日までにした支出が決算の対象となり、この日を過ぎて後の支出は、現年度の歳出としなければならない（施行令165条の8）。

【基本】決算はどのような手続で処理されるか。

調製した決算は、ⅰ出納の閉鎖後3か月以内に、証書類などの書類と併せて普通地方公共団体の長に提出しなければならない。つまり、8月31日が提出期限となる（233条1項）。

提出を受けた普通地方公共団体の長は、ⅱ決算と書類を、監査委員の審査に付さなければならない。ⅲこの審査を受けた決算は、監査委員の意見（監査委員の合議により決定）を付して、次の通常予算（当初予算、本予算の意味）を審議する会議までに、議会の認定に付さなければならない。その際、決算に、その会計年度の主要な施策の成果を説明する書類などを併せて、議会に提出しなければならない（233条2〜5項）。

普通地方公共団体の長は、ⅳ議会の認定に付した決算の要領を

住民に公表しなければならない（233条6項）。

【発展】決算の認定にはどのような効果があるか。

議会による決算の議決は、認定するとか、認定しないとか、問題点を指摘するといった形式をとることになる。しかし、決算は既にされた支出の状況を明確にするものであるから、事後の議決が支出そのものに影響を及ぼすことはできない。つまり、決算の内容である支出の効力に影響を持つものではない。認定は、あくまでも普通地方公共団体の長の予算執行責任を政治的に解除する意味を持つに過ぎない。換言すれば、認定は、長の政治的責任を解除する意味を持つということになる。認定されなかった場合でも、法的にはいかなる意味でも効力を持つということはない。この場合の政治的責任も、議会と長との間で決着をつけるべき性質のものと言える。

【発展】決算上剰余金を生じたらどうするか。

決算において、歳出が歳入を下回る、つまり剰余金を生ずる場合がある。この剰余金は、歳計剰余金と呼ばれ、原則としては、翌年度の歳入に繰り越すことになる。例外としては、その全部又は一部を基金に組み込むという方法も認められる。この場合は、ⅰ条例の定めるところに従って措置するか、ⅱ議会の議決によって措置するか、になる（233条の2）。地方財政法では、剰余金は、その2分の1を下らない金額を、翌翌年度までに、積み立てるか、地方債の繰り上げ償還の財源に充てるか、しなければならない（同法7条）。

[73] 契約 1

【基本】契約の締結方法にはどのようなものがあるか。

　契約には、公法上の契約と私法上の契約があるが、公法上の契約は、公法上の効果をもち、法律で特別に定めるものに限られるので、普通地方公共団体が結ぶ契約の多くは、私法上の契約である。私法上の契約は、契約自由の原則が適用されるが、当事者が普通地方公共団体であるので、公正や効率性の確保を目的として規制がかけられる。しかし、この規制に違反した契約の締結は、直ちに契約自体を無効とするものではない。

　普通地方公共団体の契約の締結の方法は、原則は一般競争入札であり、このほかに、ⅰ指名競争入札、ⅱ随意契約、ⅲせり売りの3つが、場合を限定して認められる（234条1・2項）。

【基本】一般競争入札はどのように行われるか。

1　一般競争入札の意義

　一般競争入札は、普通地方公共団体の契約の相手方となる者の選定に不特定多数の者を参加させ、契約の目的に応じ、原則として、普通地方公共団体にとって最も有利な条件をもって申込みをした者を契約の相手方とする契約の締結の方式である。この方式は、公正性と機会均等性とを長所とする。

2　一般競争入札の参加資格・入札保証金

　1のような長所があるが、不誠実な者が入札に参加すると公正な競争が妨げられる等のおそれがあり、契約の適正な履行の確保のため、次のような入札参加資格の制限が定められている。ⅰ行為能力のない者等は、特別の理由がある場合を除き、参加できない。ⅱ過去に不正行為を行った者等を3年以内の期間を定めて参加させないことができる。ⅲ契約の種類や金額に応じて要求される水準で、仕事の実績や資本金額や従業員数といったものを要件

にできる。iiiの要件は、入札の場所と日時等とともに公告しなければならない（施行令167条の4以下）。また、参加のために入札保証金を納入させなければならない。入札保証金は、落札者が契約を締結しない場合には、普通地方公共団体に帰属する（234条4項）。

3　入札の手続（234条3項）

入札の手続は、入札の場所で、入札終了後直ちに、入札者を立ち会わせて、開札する。落札者は、契約の目的に応じて、予定価格の制限の範囲内で最高又は最低の価格で申込みをした者である。この自動落札の例外も認められる（［74］参照）。

4　契約書の作成（234条5項）

契約は通常は契約書を作成するが、契約書に、普通地方公共団体の長あるいはその委任を受けた者と契約の相手方（競争入札では落札者）とが記名押印しなければ、契約は確定しない。確定しなければ、支出することはできない。

【基本】契約の履行はどのように確保するか。

確定した契約の履行を確保するため、次の措置を執る（234条の2）。

① 工事等の請負契約又は物品の買入れの契約の場合は、普通地方公共団体の職員は、その適正な履行を確保するため、あるいは、受ける給付の完了の確認をするため、必要な監督・検査をしなければならない。この場合の職員とは、会計上の権限を有する職員を意味する。

② 相手方が履行しないときには、あらかじめ納付させた契約保証金を普通地方公共団体に帰属させる。あるいは、契約で定めた損害賠償又は違約金を徴収する。

[74] 契約2

【発展】一般競争入札以外の契約の締結方法は何か。

① 指名競争入札（施行令167条）　入札に参加させる者を資格要件を満たす者のうちから普通地方公共団体の長が指名する方法である。参加者は、その者に通知するとともに、公告する。入札手続は一般競争入札の場合と同様である。この方法が認められるのは、契約内容の性質や目的から一般競争入札には適しない、参加すると見込まれる者が少数である、一般競争入札では不利と認められる、といった場合に限られる。

② 随意契約（施行令167条の2）　契約の相手方を随意に決定できる方法である。この方法が認められるのは、売買や貸借などの契約で予定価格が契約の種類に応じて一定の額の範囲内にある、その性質や目的が競争入札に適しない、緊急の必要がある、などの要件に適合する場合に限られる。

③ せり売り（施行令167条の3）　売買契約について、契約内容を口頭で競争させ、そのうちの最も有利な価額を申し出た者を契約の相手方とする方法である。競争者は、互いに申し出た額を知ることができるから、何度でも申し出をすることができる。この方法は、動産の売払いでせりに適しているときに認められる。

【発展】競争入札（一般競争入札又は指名競争入札）の落札者の決定の例外的な方法にはどのようなものがあるか。

普通地方公共団体の支出の原因となる契約は、落札者の決定について次の例外的な方法によることができる（234条3項）。

① 低入札価格調査制度　ⅰ工事等の請負契約で、最低価格の入札者がその価格では予定内容の履行をしないおそれがあると認めるとき、又はⅱ公正な取引秩序を乱すおそれがあって著しく

不適当と認めるときは、次順位者を落札者にできる。
② **最低制限価格制度** 工事等の請負契約で、契約内容に適合した履行の確保に特に必要があるときは、あらかじめ最低制限価格を設けて、予定価格の範囲内で、最低価格の申込みをした者ではなく、最低制限価格以上の価格の申込みをした者を落札者にできる。
③ **総合評価競争入札制度** 支出の原因となる契約の性質又は目的から、落札者の通常の決定方法や①・②の方法により難いものであるときは、予定価格の制限の範囲内の価格で申込みをした者のうち、価格等の条件が普通地方公共団体にとって最も有利なものを落札者にできる。この方式により工事等の請負契約を締結する場合に、①ⅰ又はⅱと同様の事情があるときは、落札者以外の最も有利な条件の者を落札者にできる。

【発展】複数年度にわたる契約を締結できるか。

契約内容が長期に継続する場合、例えば、ⅰ電気、ガス、水の供給を受ける契約、ⅱ電気通信役務の提供を受ける契約や、ⅲ不動産を借りる契約は、単年度主義の例外として翌年度以降にわたる契約を締結することが認められる。これを長期継続契約という（[65]参照）。長期継続契約として締結できる契約は、以上のもののほか、ⅳ翌年度以降にわたり㋐物品を借り入れ又は㋑役務の提供を受ける契約で、その契約の性質上翌年度以降にわたり契約を締結しなければ当該契約に係る事務の取扱いに支障を及ぼすようなもののうち、条例で定めるものである（施行令167条の17）。

長期継続契約に基づき年度において受ける給付は、その年度の予算で定める経費の範囲内でなければならない（234条の3）。

[75] 現金及び有価証券その他財務等

【基本】現金及び有価証券の出納は、どのように行うか。

　普通地方公共団体の現金及び有価証券の出納は、普通地方公共団体の長の命令に基づいて、会計管理者が行う。ⅰ現金については、現金に代えて納付される証券及び基金に属する現金も含まれ、ⅱ有価証券については、公有財産又は基金に属する有価証券も含まれる（170条2項）。

【基本】指定金融機関とは何か。

1　金融機関の指定（235条）

　都道府県の公金の収納又は支払の事務は、指定金融機関に取り扱わせなければならない。これに対し、市町村のこれらの事務は、市町村の判断で指定金融機関に取り扱わせることができる。指定金融機関の指定は、議会の議決を経て行われる。普通地方公共団体を通じて単一の金融機関でなければならず、複数の金融機関を指定することはできない。なお、指定金融機関の制度は、私人による公金取扱の禁止（243条）の特則である。

2　現金出納の検査・公金収納等の監査（235条の2）

　現金の出納は、毎月一定の日を決めて、監査委員が検査しなければならない（例月出納検査）。このほかに、監査委員は、指定金融機関等（指定金融機関、指定代理金融機関又は収納代理金融機関）の取り扱う公金の収納・支払の事務も監査することができる。ただし、この監査は、ⅰ監査委員が必要と認めるとき又はⅱ長の要求のあるときに、することができる。監査委員は、例月出納検査の結果、あるいは指定金融機関等の監査の結果に関して、議会と長に対して報告しなければならない。

【基本】現金の保管は、どのように行われるか。

　普通地方公共団体の現金は、次の２つに分けることができる。
① 　歳入歳出に属する現金（歳計現金）　その保管は、指定金融機関その他の確実な金融機関への預金その他の最も確実で有利な方法でしなければならない（235条の４第１項・施行令168条の６）。また、基金に属する現金の出納・保管も、歳計現金の出納・保管の例による。
② 　普通地方公共団体の所有に属しない現金（歳入歳出外現金）
　原則として保管できない。ただし、普通地方公共団体が債権者として債務者の権利を代位した場合に受領する現金など、法律又は政令の規定による場合には保管が認められる。なお、これを保管しても、法令又は契約に特別の定めがあるものを除き、利子は付さない（235条の４）。

【基本】支出を賄うために借金ができるか。

１　一時借入金（235条の３）
　歳出予算内の支出は、歳入から支払わなければならないが、支払うべき現金がない場合もある。このような場合に対処するために一時借入金の借入れが認められる。
２　一時借入金の借入れの手続、償還等
　一時借入金の最高額は、予算で定めておかなければならない。一時借入金の借入れは、予算の執行であるから、会計管理者ではなく、普通地方公共団体の長が行うことになる。
　一時借入金は、その会計年度の歳入で償還（返済）しなければならない。つまり、地方債と異なり、１会計年度を超えることはできない。なお、出納の閉鎖は、翌年度の５月31日とされているから（235条の５）、償還もその時までに行えばよい。

[76] 金銭債権と消滅時効

【基本】普通地方公共団体の債権とは何か。

　普通地方公共団体の債権は、公有財産の一種で、地方自治法においては、金銭の給付を目的とする普通地方公共団体の権利である（240条1項）。つまり、普通地方公共団体の金銭債権を意味し、民法における通常の意味の債権よりもその範囲は狭い。ただし、普通地方公共団体の金銭債権は、その種類が多岐にわたり、必ずしも一律に扱うことはできない。

【基本】債権はどのように扱うか。

　債権の管理については、普通地方公共団体の長に権限が帰属する。一方では、長は、債権の督促や強制執行などの保全及び取立てに関して必要な措置をとらなければならない。ⅰ督促とは、支払期限を過ぎている債権について文書などで支払を促すことであり、ⅱ強制執行とは、保証人への請求や担保権の実行、訴訟の提起といったことが含まれる。他方、長は、ⅲ⑦徴収の停止、④履行期限の延長つまり猶予、⑨債務の免除といった措置をとることができる（240条2・3項）。

　以上の債権の管理の一般原則が適用されない債権として、ⅰ地方税法に基づく徴収金、ⅱ過料、ⅲ証券化された債権、ⅳ電子記録債権、ⅴ預金、ⅵ歳入歳出外現金となる金銭給付、ⅶ寄附金、ⅷ基金に属する債権、の8種類がある。

【基本】債権はどのような期間で時効により消滅するか。

1　時効期間（236条）

　普通地方公共団体の有する金銭債権は、他の法律に定めがあるものを除き、5年間の経過によって、時効により消滅する。逆に、普通地方公共団体に対する金銭の給付を目的とする権利も同様に、

5年の消滅時効となる。なお、一般の金銭債権の消滅時効は10年であるので、これは民法の特例となる。

2 時効に関する特例（236条2〜4項）

普通地方公共団体の金銭債権の消滅時効については、ⅰ法律に特別の定めがある場合を除き、時効の援用を要しない、ⅱ同様に、時効の利益を放棄することができない、ⅲ法令の規定により地方公共団体がする納入の通知及び督促は、それだけで、時効中断の効力を生ずる、といった特例がある。これ以外の時効の中断、停止、その他の事項については、原則として民法の規定による。

【発展】消滅時効の特例の対象債権はどのようなものか。

1 債権の分類

債権は、私法上の債権と公法上の債権とに分けられる。私法上の債権の消滅時効は、民法では10年を、商法では5年を原則とする（民法167条・商法522条）。普通地方公共団体の債権でも、私法上の債権として扱われるものが多く、これは民法や商法の消滅時効による。例えば、国家賠償法に基づく普通地方公共団体に対する損害賠償請求権は、私法上の金銭債権であり、その消滅には、民法145条により、時効の援用が必要である（昭46・11・30最判）。

2 公法上の債権

公法上の債権についても、さまざまな特則があり、地方税は5年（地方税法18条、18条の3等）、国民健康保険の保険料は2年（国民健康保険法110条1項）、地方公務員の給与請求権は2年（地公法58条3項・労基法115条）等の規定がある。したがって、地方自治法により消滅時効が5年となる普通地方公共団体の債権は、結果的に、公法上の金銭債権のうち、分担金、使用料、加入金又は手数料に関わる債権である。

[77] 財産1

【基本】財産とは何か。

1　普通地方公共団体の財産（237条1項）

普通地方公共団体の財産とは、ⅰ公有財産、ⅱ物品、ⅲ債権、ⅳ基金の4つをいう。一般的な意味では、財産は何らかの金銭的価値を有するものをいうが、地方自治法においては、これらに限られる。

2　普通地方公共団体の財産の管理・処分（237条2項）

普通地方公共団体の財産は、もともと住民のものであり、公共のために使うものであるから、「常に良好の状態においてこれを管理し、その所有の目的に応じて最も効率的に、これを運用しなければならない」（地財法8条）。そして、交換、出資の目的、支払手段としての使用、適正な対価のない譲渡・貸付又は信託が原則として禁止される。ただし、ⅰ法律で定める場合、ⅱ条例で定める場合、ⅲ議会の議決による場合の例外がある。

【基本】公有財産とは何か。

1　公有財産（238条1項）

公有財産は、次の8種類のいずれかである。つまり、ⅰ不動産、ⅱ船舶や航空機、ⅲⅰ又はⅱの従物、ⅳ地上権などの用益物権、ⅴ特許権などの無体財産権、ⅵ株式・社債などの有価証券（短期社債等を除く）、ⅶ出資による権利、ⅷ財産信託の受益権である。ただし、基金に属するものは除かれる。

2　公有財産の分類（238条3・4項）

公有財産は、ⅰ行政財産とⅱ普通財産とに分けることができる。ⅰ行政財産は、㋐公用又は公共用に供する財産、あるいは㋑そのように供することを決定した財産であり、ⅱ普通財産は、行政財産以外の一切の公有財産である。

重要度 ★★☆

【発展】公有財産の管理処分はどのように行われるか。

　公有財産の管理処分の権限は、財産を取得し、管理し、及び処分することを担任事務の1つとする普通地方公共団体の長に属する（[40] 参照）。ただし、法律上の例外があり、例えば、教育財産の管理は教育委員会の権限であり（地教行法21条2号）、その取得と処分は長の権限である（地教行法22条4号）。また、長は、公有財産の管理処分の事務の一部を委員会や委員又はその管理に属する機関に委任することができる。

　長には、公有財産について次のような内容の総合的な調整権が与えられている（238条の2）。

① 　長は、委員会や委員又はその管理に属する機関に対し、公有財産の取得又は管理について、ⅰ報告を求める、ⅱ実地に調査する、ⅲその結果に基づいて必要な措置を講ずべきことを求めることができる。

② 　委員会や委員又はその管理に属する機関は、一定の場合に長と協議しなければならない。その場合とは、ⅰ公有財産の取得、ⅱ行政財産の用途変更、ⅲ㋐用途・目的を防げない限度における行政財産である土地の貸付と地上権・地役権の設定又は㋑行政財産の目的外使用の許可で長が指定するもの、である。

③ 　委員会や委員又はその管理に属する機関が、管理する行政財産の用途を廃止したときは、直ちに長に引き継がなければならない。

　このほかに、旧来の慣行によって公有財産の使用が認められている場合があるが、ⅰその旧来の慣行を変更・廃止するとき、ⅱ新たに使用しようとする者に対して長が許可するときには、議会の議決を経なければならない（238条の6）。この場合の使用料・加入金については、[68] 参照。

[78] 財産2

【発展】行政財産の管理処分は、どうなっているか。

1　行政財産の管理処分（238条の4）

　行政財産は、公用・公共用に供し又は供することを決定した財産であるから、原則として私権の対象にはできない。すなわち、貸付、交換、売払い、譲与、出資の目的、信託、私権設定は、することができない。これに違反する行為は無効である。ただし、その用途や目的を妨げない限度で、次の例外が認められる。

① 　土地・建物の貸付又は地上権・地役権の設定　この場合の条件は、ⅰ㋐一定の建物を所有する第三者や隣接地の上に区分所有する第三者で管理上適切と認める者に対する場合、㋑国や他の地方公共団体や一定の法人と建物を区分所有する場合などであること、ⅱ公用・公共用の必要が生じたときは契約を解除できること、ⅲ契約解除となった場合には損失を補償すること、である。

② 　目的外使用の許可　この場合の条件は、ⅰ許可という行政上の処分に基づくものであるから、借地借家法の適用はない、ⅱ公用・公共用の必要が生じたとき又は使用許可条件に違反したときは許可を取り消すことができる、ⅲ取消しの場合も特別な事情のない限り損失補償を要しない（昭和49・2・5最判）。なお、ⅳ使用料を徴収できる（[68]参照）。

2　行政財産の使用権に関する処分の審査請求（238条の7）

　行政財産の使用権に関してした処分の審査請求については、ⅰ普通地方公共団体の長以外の機関のした処分に対する審査請求は、長が当該機関の最上級行政庁でない場合でも、長に対してする、ⅱ長に審査請求があった場合には、議会に諮問して決定しなければならならず、議会は、諮問があった日から20日以内に意見を述べなければならないとされている。

重要度　★★☆

【発展】普通財産の管理処分は、どうなっているか。

1　普通財産の管理処分（238条の5）

　普通財産は、原則として、私権の対象とすることができる。つまり、貸付、交換、売払い、譲与、出資の目的、私権の設定が可能である。これらの管理処分は、ⅰ条例によるか、ⅱ議会の議決を要する（237条2項）。

2　普通財産である土地・国債等の信託（238条の5第2・3項）

　普通財産である土地の信託は、ⅰ普通地方公共団体を受益者とすること、ⅱ目的が、㋐土地に建物を建てるか、土地を造成してその管理処分をする、㋑㋐の信託期間後に当該土地の管理処分をする、㋒信託された土地の処分をする、ことが要件で（施行令169条の6）、ⅲ議会の議決が必要である（237条3項）。

　普通財産である国債等の信託は、ⅰ普通地方公共団体を受益者として、ⅱ価額相当の担保の提供を受けて指定金融機関等に国債等の貸付を行い、その運用を目的とする場合に限り、可能である。国債等の信託については、議会の議決は不要である。

3　普通財産の貸付等の契約の解除（238条の5第4～8項）

　普通財産の貸付等の契約は、次の場合に普通地方公共団体の長が解除することができる。

① 　貸付の契約で、その期間中に公用・公共用に供する必要が生じた場合（貸付以外の使用契約と土地の信託も同様）
② 　一定の用途とその用途に供する期日・期間を指定した貸付の契約で、ⅰ指定期日を経過してもその用途に供しない場合、ⅱ指定期間内にその用途を廃止した場合（売払い・譲与の契約と土地の信託も同様）

　なお、相手方は、①の場合には損失補償を請求できるが、②の場合には請求できない。

[79] 財産3

【基本】物品とは何か。その管理処分はどのように行われるか。

1 物品の意義（239条）

物品とは、ⅰ普通地方公共団体が所有する動産、ⅱ普通地方公共団体が使用のために保管する動産、の2つに分けられる。ただし、ⅰからは、㋐現金（現金に代えて納付される証券）、㋑公有財産に属するもの、㋒基金に属するものが除かれ、ⅱからは都道府県警察が使用している国有財産及び国有の物品が除かれる。

また、物品以外の動産に、占有動産というものがある。普通地方公共団体の所有に属しない動産で普通地方公共団体が保管するもののうち、使用のために保管するものを除いたものをいう。寄託を受けた動産や遺失物がこれに当たる。

2 物品の管理処分

物品の取得・管理・処分の権限は、普通地方公共団体の長にある（[40]参照）。物品の出納・保管・記録管理は、会計管理者のつかさどる会計事務である。ただし、現に使用中の物品は、その対象から除かれる（[45]参照）。会計管理者は、普通地方公共団体の長の通知がなければ、物品を出納することができない。

占有動産は、遺失物法等の法律に特別の定めがある場合を除き、会計管理者が管理する。この場合には、普通地方公共団体の長の通知がなければ、占有動産を出納することができない。

【基本】基金とは何か。その管理処分はどのように行われるか。

1 基金の意義（241条1項）

特定の目的のための財産・資金を別個に管理するものであり、条例により設ける。ⅰ特定の目的のために財産を維持し、又は資金を積み立てるもの、ⅱ特定の目的のために定額の資金を運用するもの、の2つに分けられる。なお、災害救助基金等の積立ては、

法律上義務付けられていて、その設置に条例を必要としない。

2 基金の管理処分（241条2〜8項）

基金の管理及び処分は、次の原則に従う。

① その目的に応じ、及び確実かつ効率的に運用する。
② 基金の運用収益と必要な管理・費用は、毎会計年度の歳入歳出予算に計上する。
③ 1ⅱの基金につき、普通地方公共団体の長は、毎会計年度、運用状況を示す書類を作成し、監査委員の審査に付し、その意見（監査委員の合議による）を付け、決算説明書とともに、議会に提出する。
④ 管理は、その財産の種類に応じて、それぞれの例による。
⑤ 1ⅰの基金は、その目的のためでなければ処分できない。
⑥ ①〜⑤のほか、基金の管理・処分に関し必要な事項は、条例で定める。

【発展】財産に関する事務に従事する職員に規制はあるか。

財産に関する事務に従事する職員は、次のような行為制限を受ける。

① 公有財産にあっては、ⅰその取り扱う公有財産を譲り受けることと、ⅱその公有財産を自己の所有物と交換することとが、禁止される。違反行為は無効となる（238条の3）。
② 物品にあっては、その取り扱う物品を譲り受けることが禁止される。ただし、ⅰ証紙などその価格が法令で定められている物と、ⅱ売払いを目的とする物品又は不用の決定をした物品で長の指定するものとは除かれる。違反行為は無効となる（239条2・3項）。

[80] 住民監査請求と住民訴訟1

【基本】住民監査請求と住民訴訟の制度とは何か。

住民監査請求と住民訴訟の制度は、住民が監査委員の監査を請求し、さらに問題があるときは訴訟を提起できるとするものであり、アメリカの納税者訴訟をモデルにしたと言われる。しかし、税金の使われ方を問題にする納税者訴訟とは、その目的や訴えの提起に監査請求前置主義を採用している点で異なる。

この制度の目的は、職員の違法・不当な財務会計上の行為等を予防し、かつ、これを是正することによって、住民全体の利益を確保することにある。なお、住民の直接請求の1つである事務監査請求は、普通地方公共団体の自治運営の適正化・合理化を図るとともに、事務の実態を住民に周知してその理解と批判の下に置くという趣旨の制度であり、請求の対象も普通地方公共団体の事務全般である、という点で異なる（[11] 参照）。

【基本】住民監査請求はどんな場合にすることができるか。

住民監査請求をすることができるのは、普通地方公共団体の住民である。選挙権の有無や人数の要件はない。1人でも請求できる。住民であれば、法人でも外国人でも可能である。

監査請求の対象は、次のようになっている（242条1項）。

① 長・委員会・委員・職員についてであること。つまり執行機関か職員（特別職も一般職も）の行為に関することである。
② その違法・不当な財務会計上の行為・不作為であること。つまり、まず、違法か不当かのどちらかで、ⅰ公金の支出、ⅱ財産の取得・管理・処分、ⅲ契約の締結・履行、ⅳ債務その他の義務の負担、ⅴ公金の賦課徴収を怠ること、ⅵ財産の管理を怠ること、のいずれかに該当することである。ⅰ～ⅳには、その行為がされることが相当の確実さをもって予測される場合を含

重要度 ★★★

む。また、vとviとは「怠る事実」と総称される。なお、不当とは、職員などに裁量権があって基本的にはその判断に委ねられるが、その判断が公益を損なう結果となるような場合をいう。

【基本】住民監査請求はどのようなことを、どのような手続で請求するのか。

1 住民監査請求の内容（242条1項）

住民監査請求の内容は、ⅰ対象行為について監査委員の監査をすること、ⅱ㋐その財務会計上の行為を防止する、㋑その財務会計上の行為を是正する、㋒その怠る事実を改める、㋓その財務会計上の行為や怠る事実によって生じた損害を補填するために必要な措置を講ずること、である。措置の具体的な内容は、監査委員に委ねられることになる。

2 住民監査請求の手続（242条2項）

住民監査請求は、監査委員に対し、違法・不当な財務会計上の行為又は怠る事実を証する書面を添えて、請求要旨を記載した文書によって行う。ただし、その行為のあった日又は終わった日から1年以内に限られるが、正当な理由がある場合は別である。

【発展】住民監査請求は財務以外の事項も対象にできるか。

住民監査請求と住民訴訟の対象は、基本的に財務事項に限定される。しかし、最近はこれらを使って行政運営を問う傾向が顕著になっている。この場合、違法な（財務事項でない）先行行為と住民監査請求の対象（財務事項）との関係が一連の行為として違法と判断できるかという評価の問題となる。判例は、分限処分（先行行為）による退職手当の支給（財務事項）が問題となった事案で、先行行為が法令に違反し許されない場合、財務行為もまた違法となるとした（昭60・9・12最判）。

[81] 住民監査請求と住民訴訟2

【基本】住民監査請求でどのような措置がとられるか。

住民監査請求があった場合にとられる措置は、次のとおり（242条3～9項）。

① 請求を受けた場合、監査委員は監査をする。その際、請求人に証拠の提出・陳述の機会を与えなければならない。また、請求人や関係執行機関等の陳述を聴取する場合、必要と認めるときは、関係執行機関等や請求人を立ち会わせることができる。

② 監査委員は、執行機関等に対し、理由を付して勧告等の手続が終了するまでの間、その行為を停止すべきことを勧告することができる（監査委員の合議による）。その要件は、ⅰその行為が違法であると思料するに足りる相当な理由がある、ⅱその行為により生ずる回復の困難な損害を避けるため緊急の必要がある、ⅲその行為の停止によって人の生命・身体に対する重大な危害の発生の防止その他公共の福祉を著しく阻害するおそれがない、の3つである。なお、停止勧告をした場合には、その内容を請求人に通知するとともに、公表しなければならない。

③ 監査の結果、請求に理由がないと認めるときは、理由を付けて書面で請求人に通知し、同時に公表する。請求に理由があると認めるときは、議会、執行機関、職員に対して期間を示して必要な措置を講ずべきことを勧告する。同時に勧告の内容を請求人に通知し、公表する。これらは、請求があった日から60日以内にしなければならない。なお、監査及び勧告についての決定は、監査委員の合議による。

④ 勧告を受けた議会、執行機関、職員は、その期間内に必要な措置を講じ、その旨を監査委員に通知しなければならない。通知を受けた監査委員は、さらに請求人に通知し、公表する。

重要度　★★★

【基本】住民訴訟は誰がどのような場合に提起できるか。

1　住民訴訟の提起者（242条の2第1項）

　住民訴訟は、住民監査請求をした住民が提起することができる。なお、監査請求を経た住民からの訴訟が係属していれば、他の住民が同じ問題について別に訴訟を提起することができない（242条の2第4項）。この場合、先の住民訴訟に訴訟参加ができる。

2　住民訴訟の提起理由（242条の2第1項）

　訴訟を提起できる理由は、ⅰ監査の結果に不服がある、ⅱ監査委員のした勧告に不服がある、ⅲ議会や執行機関や職員の措置に不服がある、ⅳ監査委員が期間内に監査をしない、又は勧告をしない、ⅴ議会や執行機関や職員が必要な措置を講じない、という5つが挙げられている。なお、この訴訟は、財務会計上の行為や怠る事実が違法である場合に限られる。

3　住民訴訟が提起できる期間（242条の2第2項）

　住民訴訟は、次の期間内に提起しなければならない。

2 ⅰ・ⅱ・ⅲ→監査結果や勧告内容の通知又は勧告内容の措置についての通知の日から30日以内
2 ⅳ　　　　→請求した日から60日を経過した日から30日以内
2 ⅴ　　　　→監査委員の勧告で示された期間を経過した日から30日以内

【発展】住民訴訟の訴訟費用はどのように負担されるか。

　住民訴訟について、原告が勝訴（一部勝訴も含む）した場合は、原告は、普通地方公共団体に対しその弁護士報酬額の範囲内で相当と認められる額の支払を請求できる（242条の2第12項）。住民の勝訴によって団体の違法な行為が是正され、団体と全住民が是正の利益を受けると考えられるためである。

[82] 住民監査請求と住民訴訟 3

【基本】住民訴訟は何を、どのような手続で請求するか。

1 住民訴訟の請求内容（242条の 2 第 1 項）

住民訴訟は、公益の確保のために特別に認められる客観訴訟で、かつ、法律で特に認められる民衆訴訟である。その請求内容は、次のとおりである。

① その機関・職員に対するその行為の全部又は一部の差止請求
② 行政処分であるその行為の取消し又は無効確認の請求
③ その機関・職員に対する怠る事実の違法確認の請求
④ その職員又はその行為や怠る事実の相手方に対して損害賠償・不当利得返還の請求をすることを、執行機関等（通常は長）に求める請求（職員等に対する賠償命令の対象者の場合には、賠償命令をすることを求める請求）

なお、①の請求に基づくその行為の差止めは、その行為の差止めによって人の生命・身体に対する重大な危害の発生の防止その他公共の福祉を著しく阻害するおそれがあるときは、することができない。また④の訴訟が提起された場合、その職員等に対して、執行機関等から訴訟告知をしなければならない。この訴訟で損害賠償・不当利得返還の請求を命ずる判決が確定したときは、普通地方公共団体の長はその支払を請求し、判決確定日から60日以内に支払われないときは、その請求を目的とする訴訟を提起しなければならない。長に対してその請求をするときは、代表監査委員が普通地方公共団体を代表する（242条の 2 第 6 ・ 7 項・242条の 3 ）。

2 住民訴訟の手続（242条の 2 第 5 ・10・11項）

原則として行政事件訴訟法による。ただし、訴訟の管轄裁判所は、その普通地方公共団体の事務所の所在地を管轄する地方裁判所である。また、住民訴訟の対象については民事保全法による仮

処分をすることができない。

【発展】外部監査の住民監査請求をすることができるか。

1　監査委員の監査に代わる契約に基づく監査（252条の43）

　住民監査請求では、条例の定めがある場合には、監査委員の監査に代えて契約に基づく監査（個別外部監査契約に基づく監査）を請求することができる。

　この手続としては、請求の要旨とともに、特に外部監査の必要があると認める理由を付して、監査委員に請求することになる。監査委員は、この請求を相当と認めるときは、個別外部監査契約に基づく監査によることを決定し、請求のあった日から20日以内に、普通地方公共団体の長に通知しなければならない。同時に、請求人にも通知しなければならない。

2　契約に基づく監査の手続

　1の請求を相当と認めた後の手続は、個別外部監査契約に基づく事務監査と同様であり、ⅰ通知→ⅱ監査委員の意見・議会の議決→ⅲ長の個別外部監査契約の締結→ⅳ長の監査契約内容等の告示→ⅴ監査契約締結者による監査→ⅵ結果報告の決定→ⅶ報告の監査委員への提出→ⅷ請求に理由があるかどうかの決定、と進み、基本的に原則としての監査請求における手続と同様の取扱となる。

　なお、外部監査においても、学識経験者等からの意見聴取をすることができ、また、関係人等の意見聴取の際に請求人等を立ち会わせることができるが、これらについては監査委員と協議をする必要がある。これに対し、暫定的停止勧告制度は、外部監査人の判断になじまない事項もあるので、適用されない。

　監査の請求に理由があるかどうかの決定と勧告は、監査請求のあった日から90日以内に行わなければならない。

[83] 職員の賠償責任

【基本】財務事務に関して職員が普通地方公共団体に損害を与えた場合はどうするか。

　財務に関する事項に関係する職員が、財務に関して普通地方公共団体に損害を与えた場合には、原則としてその損害を賠償しなければならない。2人以上の職員の行為によって損害が生じたときは、その職分と発生の原因となった程度とに応じて、賠償責任を負うことになる。賠償責任の要件は、次の2つに分けられる。なお、この特別の賠償責任を負う職員には、民法の賠償責任の規定は適用されない（243条の2第1・2・13項）。

① 　会計職員等の場合
　 i 　対象者は、㋐会計管理者、㋑その事務を補助する職員、㋒資金前渡を受けた職員、㋓占有動産を保管している職員、㋔物品を使用している職員である。
　 ii 　主観的要件は、故意又は重過失による場合である。ただし、現金については、軽過失による場合も含まれる。
　 iii 　原因行為は、保管している現金、有価証券、物品、占有動産、使用している物品を、失い、又は損傷することである。物品には、基金に属する動産も含まれる。

② 　予算執行職員等の場合
　 i 　対象者は、㋐支出負担行為、支出命令、支出負担行為の確認、支出・支払、契約の監督・検査をする権限を有する職員と、㋑その権限に属する事務を直接補助する職員で規則で指定したものである。
　 ii 　主観的要件は、故意又は重過失である。
　 iii 　原因行為は、法令の規定に違反した行為又は法令の規定に違反して怠ったこと、である。

重要度 ★★★

【基本】賠償額はどのように決定するか。

1 職員の賠償責任の賠償額の決定（243条の2第3～7・9項）
① 該当行為によって普通地方公共団体に損害を与えたと認めるとき　普通地方公共団体の長は、監査委員に対して、ⅰ事実の有無を監査すること、ⅱ監査の結果により賠償責任の有無と賠償額を決定する（監査委員の合議にする。）こと、を請求する。賠償責任があると認定された場合には、長は、期限を定めて賠償を命ずる。賠償命令は、金銭債権の消滅時効である5年間を経過するまでの間、することができる。
② 賠償命令をすることを求める住民訴訟により賠償命令を命ずる判決が確定した場合　普通地方公共団体の長は判決確定の日から60日以内の日を期限として賠償を命ずる。期限までに支払われない場合、損害賠償請求訴訟を提起しなければならない。

2 賠償責任の免除（243条の2第8・9項）
賠償を命じられた職員が、その損害がやむを得ない事情によるものであることを証明し、長がこれを相当と認めたときは、賠償責任の全部又は一部を免除することができる。免除は、長が議会の同意を得て行う。事前に監査委員の意見を聴き、その意見（合議による。）を付して議会に付議しなければならない。

【発展】責任と賠償額の決定に不服がある場合はどうするか。

賠償命令の処分に不服がある場合には、賠償命令を命ずる住民訴訟の判決が確定した場合に当該処分がされたときを除き、行政不服審査法による審査請求をすることができる。普通地方公共団体の長は、審査請求があったときは、議会に諮問して決定する。議会は、諮問があった日から20日以内に意見を述べなければならない（243条の2第11・12項）。

[84] 公の施設1

【基本】公の施設とは何か。その利用はどうなっているのか。

1　公の施設（244条1項）

　公の施設とは、住民の福祉を増進する目的をもって設置される施設であり、かつ、その住民の利用に供するために普通地方公共団体が設置する施設である。福祉の増進という目的は幅広いものであり、安全、健康、教育、文化、産業振興その他さまざまな分野が関係するが、競馬場のように財政上の必要から設けるものは、該当しない。また、住民の利用に供するという意味は、住民全部が対象でなくても合理的に一定範囲の住民が利用できることである。

2　公の施設の利用（244条2・3項）

　公の施設については、ⅰ正当な理由がない限り、住民の利用を拒んではならない。また、ⅱ住民の利用について不当な差別的取扱いをしてはならない。住民は、その属する地方公共団体の役務の提供を等しく受ける権利を有している（[8]参照）ことを原則としているからである。ただし、利用について使用料を徴収することができる（[68]参照）。なお、条例で定める重要な公の施設を条例で定める長期・独占的な利用をさせる場合には、議会の議決を要する（[25]参照）。

【基本】公の施設はその団体の区域外に設置できるか。

　公の施設は、その普通地方公共団体の区域内だけでなく、その区域外においても設置することができる。ただし、この場合は、関係する普通地方公共団体と協議する必要がある。また、その協議においては、設置される区域の普通地方公共団体の住民がその施設を利用できるようにする旨を定めることができる。この協議は、関係する普通地方公共団体の議会の議決を経ることが必要である（244条の3）。

重要度 ★★★

【発展】公の施設の設置・管理はどのようにするか。

1 公の施設の設置・管理の事務

　公の施設の設置・管理・廃止は、普通地方公共団体の長の担任事務である（[40]参照）。その設置・管理に関する事項は、法律又はこれに基づく政令で定めるものを除き、条例で定める（244条の2第1項）ので、結局、長は法律又はこれに基づく政令あるいは条例の定めるところに従って管理することになる。法律又はこれに基づく政令に特別の定めがあるものには、公民館（社会教育法24条）、都市公園（都市公園法18条）等がある。

　なお、教育委員会の所管する学校その他の教育機関の設置・管理・廃止は、教育委員会の権限であるが（地教行法21条1号）、小中学校等の具体的な設置は、条例で定められる。

2 公の施設の設置条例

　一般に、公の施設の設置条例には、ⅰ公の施設の名称やⅱその位置のほか、管理に関する事項として、ⅲ利用の許可及びその取消し、ⅳ使用料の額及び徴収方法、ⅴ使用料の減免、ⅵ利用の制限の事由等の事項が定められる。また、公の施設を廃止する場合には、当該設置条例の廃止（複数の公の施設が1つの条例で設置されている場合には、当該公の施設に関する部分を削除する改正）をすることになる。

【発展】一定の重要な公の施設の廃止や長期かつ独占的利用は、どうなっているか。

　公の施設で、条例で定める重要な施設のうち、特に重要なものとして条例で定める施設について、ⅰその廃止をする場合、あるいはⅱ条例で定める長期かつ独占的な利用をさせる場合には、議会において出席議員の3分の2以上の者の同意を得なければならない（244条の2第2項）。

[85] 公の施設 2

【基本】公の施設の指定管理者とは何か。

1 指定管理者（244条の2第3項）

公の施設は、条例の定めるところにより、その管理を指定管理者に行わせることができる。要するに民間への管理委託を可能とする制度である。指定管理者に管理を行わせることができるのは、公の施設の設置の目的を効果的に達成するため必要があると認めるときである。

2 指定管理者の指定の対象・手続等（244条の2第3～6項）

① 指定管理者は、法人その他の団体であって普通地方公共団体が指定するものである。個人は、指定の対象にはならない。

② 指定管理者の指定手続や管理の基準・業務の範囲などは、条例で定める。

③ 指定管理者の指定は、期間を定めて行い、あらかじめ議会の議決を経なければならない。

【基本】指定管理者に管理をさせる場合の利用料金の制度はどうなっているか。

普通地方公共団体は、適当と認めるときは、指定管理者に、その管理する公の施設の利用料金をその指定管理者の収入とさせることができる（244条の2第8項）。

この場合の利用料金は、公益上必要があると認める場合を除き、条例の定めるところにより、指定管理者が定める。ただし、公的な監督を確保するために、指定管理者はその利用料金について、その普通地方公共団体の承認を受けておかなければならない（244条の2第9項）。

【発展】指定管理者について、どのような監督を行うことができるか。

普通地方公共団体は、次のようにして監督を行う。

① 指定管理者は、毎年度終了後、事業報告書を作成し、普通地方公共団体に提出しなければならない（244条の2第7項）。

② 普通地方公共団体の長や委員会は、管理業務や経理の状況に関して、指定管理者に対し、ⅰ報告徴収、ⅱ実地調査、ⅲ必要な指示をすることができる。ⅲの指示に従わないなど管理を継続することが適当でないと認めるときは、普通地方公共団体は、その指定の取消し又は期間を定めての業務停止命令をすることができる（244条の2第10・11項）。

【発展】公の施設の利用に関して不服がある場合はどうするか。

公の施設の利用に関する処分については、行政不服審査法による審査請求をすることができる。この場合の審査請求については、次のような特例が定められている（244条の4）。

① 普通地方公共団体の長以外の機関（指定管理者を含む。）がした処分についての審査請求は、長が当該機関の最上級行政庁に当たらない場合でも、長に対してする。

② 長は、審査請求があったときは、議会に諮問して決定する。議会は、諮問があった日から20日以内に意見を述べなければならない。

確認問題

[59]・[60]　給与・その他の給付

1 （　）非常勤の職員に対しては、報酬を支給しなければならない。
2 （　）議会の議員は非常勤の職員に該当するので、勤務日数に応じて報酬を支給しなければならない。
3 （　）議会の議員に対しては、費用弁償及び期末手当を支給することはできない。
4 （　）常勤の職員に対しては、給料のほか、条例の定めるところにより、その普通地方公共団体の実情に応じて手当を支給しなければならない。
5 （　）一般職の地方公務員については、給料表、手当、支給方法、支給条件等を条例で定めなければならない。
6 （　）給与その他の給付に関する処分に対して不服がある場合に行う審査請求は、その処分を受けた職員の所属する執行機関に対して行う。

[61]・[62]　会計年度・会計の区分

1 （　）普通地方公共団体の会計は、一般会計と特別会計とに区分する。
2 （　）会計年度独立の原則とは、各会計年度における歳入及び歳出が、相互に均衡することをいう。
3 （　）毎会計年度の歳出予算の経費の額は、いかなる場合でも翌年度に繰り越して使用することができない。

解説

[59]・[60]

Commentary

1 ○ 記述のとおり。委員、専門委員、投票管理者等の非常勤職員に対しては、報酬を支給しなければならない。

2 × 議員には、その議員活動に対して議員報酬を支給する。また、議員報酬には勤務日数という概念は適用しがたい。

3 × 議員に対しては、条例で期末手当を支給することができるし、費用弁償も支給することができる。

4 × 常勤職員に対する手当は、法律で定められるもののうちから、条例で支給することができるとされている。

5 ○ 記述のとおり。給与条例主義の原則である。

6 × 普通地方公共団体の長以外の機関がした処分に対する審査請求は、法律に特別の定めがある場合を除き、長が最上級行政庁に当たらない場合でも、長に対して行う。

[61]・[62]

Commentary

1 ○ 記述のとおり。

2 × 会計年度独立の原則とは、各会計年度の歳出は、その年度の歳入をもって支弁しなければならないことをいう。

3 × 翌年度への繰越使用は原則として認められないが、例外として、継続費、繰越明許費、事故繰越等が認められる。

4 ( ) 単一予算主義の原則とは、全ての歳入・歳出を単一の予算に編入して全ての収支を一覧することが妥当であるとするものである。

5 ( ) 歳入とは、普通地方公共団体の需要を充たすための支払いの財源となる現金をいい、現金に代えて納付される証券はこれに該当しない。

6 ( ) 特別会計は、特定の歳入をもって特定の歳出に充て一般の歳入歳出と区分して経理する必要がある場合に、普通地方公共団体の規則で設置することができる。

[63]〜[65] 予算

1 ( ) 予算は、1会計年度における普通地方公共団体の歳入と歳出の予定的な計算に過ぎず、法形式の1つとは考えられていない。

2 ( ) 予算は、年度開始前までにその調製を終えていれば、議会への提出が年度開始後になってもよいとされている。

3 ( ) 歳入歳出予算は、歳入と歳出とに分けられるが、いずれも予定の性格を持っており、拘束性はない。

4 ( ) 歳入歳出予算には、予備費の計上が義務付けられるが、特別会計については、これを計上しないことができる。

5 ( ) 予算は、当初予算、補正予算、暫定予算の区別があるが、補正予算は、当初予算が成立した後に生じた事由に基づいて調製することができる。

6 ( ) 暫定予算は、その年度の予算が成立したときにはその効力を失う。

7 ( ) 歳出予算の金額は、各款の間又は各項の間では、流用が禁止されており、例外は認められていない。

8 ( ) 継続費とは、歳出予算のうちで、年度内にその支出が終

解説

4 ○ 記述のとおり。

5 × 現金に代えて納付される証券も歳入に該当する。

6 × 特別会計の設置は、法律に根拠がある場合を除き、条例で行う必要がある。

[63]～[65]   Commentary

1 × 予算は、法形式の1つと位置づけられている。

2 × 予算の提出は、遅くとも年度開始前、都道府県と指定都市は30日、その他の市と町村は20日までとされている。

3 × 歳出は、その定める上限内での経費の支出を認めるものであり、拘束性を有する。

4 ○ 記述のとおり。

5 × 予算の区別は記述のとおり。補正予算は、予算の調製後に生じた事由に基づいて調製することができる。

6 ○ 記述のとおり。

7 × 各項の経費の金額は、予算の執行上必要がある場合に限り、予算の定めるところにより、流用することができる。

8 × 記述の内容は、繰越明許費についてのものであ

わらない見込みのあるものを、翌年度に繰り越して使用できるようにする経費をいう。
9 ( ) 予備費は、年度途中で必要な経費のために設けられており、議会の否決した費途にも充てることができる。

[66]・[67] 収入

1 ( ) 普通地方公共団体の収入として、地方税、分担金、使用料、手数料、過料、地方債が挙げられるが、国からの支出金は、これに含まれない。
2 ( ) 歳入を収入するときは、これを調定し、納入義務者に対して納入の通知をしなければならない。
3 ( ) 普通地方公共団体の収入の方法は、現金によることとされており、この方法以外は認められない。
4 ( ) 歳入を納期限までに納付しない者があるときは、普通地方公共団体の長は、期限を指定して督促しなければならない。
5 ( ) 地方債を起こす場合、起債の目的、限度額等について予算で定める必要はない。

[68]・[69] 地方税・分担金・使用料・手数料

1 ( ) 普通地方公共団体が法定外の地方税を新設する場合には、総務大臣と協議する必要があるが、その同意を得ることまでは必要とされない。
2 ( ) 分担金の徴収は、数人又は普通地方公共団体の一部に対し利益のある事件に関し、当該事件により特に利益を受ける者から、その受益の限度において行う。
3 ( ) 使用料は、行政財産の使用を許可した場合の使用料と公有財産の旧慣による使用の使用料の2つがある。

解説

る。

9 × 予備費は、議会の否決した費途に充てることができない。

[66]・[67]

Commentary

1 × 補助金、助成金、地方交付税等の国からの支出金は、普通地方公共団体の収入となる。

2 ○ 記述のとおり。

3 × 収入の方法として、証紙、口座振替、小切手等の証券、クレジット・カードによることも認められる。

4 ○ 記述のとおり。

5 × 地方債の起債の目的、限度額、起債の方法、利率及び償還の方法は、予算で定める必要がある。

[68]・[69]

Commentary

1 × 記述の場合、協議をし、同意を得る必要がある。

2 ○ 記述のとおり。

3 × 使用料には、記述の2つのほか、公の施設の利用についての使用料がある。

確認問題

4 ( ) 手数料のうち、全国的に統一して手数料を定めることが特に必要とされる標準事務に関するものは、条例ではなく、政令に基づき徴収される。
5 ( ) 分担金、使用料、加入金又は手数料の徴収に関する処分に不服のある者は、審査請求を経ずに、直ちに当該処分について裁判所に出訴することができる。

[70]・[71] 支出

1 ( ) 普通地方公共団体は、公益上の必要があれば、補助をすることができるが、寄附をすることはできない。
2 ( ) 普通地方公共団体の支出は、普通地方公共団体の長が行う。
3 ( ) 支出負担行為とは、普通地方公共団体の支出の原因となるべき行為をいうが、契約はこれに含まれない。
4 ( ) 支出負担行為が法令と予算に違反していないことと、その債務が確定していることとを確認した上でなければ、支出をすることができない。
5 ( ) 支出は、債権者のためでなければならないが、支払期限が到来していない限り、支払をすることができない。

[72] 決算

1 ( ) 決算を調製するのは、普通地方公共団体の長であり、出納の閉鎖後3か月以内に、証書類等と併せて議会に提出しなければならない。
2 ( ) 各会計年度において決算上剰余金を生じたときは、全額を基金に編入しなければならない。

解説

4 × 標準事務について手数料を徴収するときは、政令で定められた標準額を標準として条例で定めなければならない。

5 × 当該処分については、審査請求を経なければ出訴できないとする審査請求前置主義が採用されている。

[70]・[71]　　　　　　　　　　　　　　　Commentary

1 × 公益上の必要がある場合、寄附をすることもできる。

2 × 普通地方公共団体の支出を担当するのは、会計管理者であり、その支出を命令するのが長である。

3 × 契約は、支出負担行為の典型例である。

4 ○ 記述のとおり。

5 × 支払期限が到来していなくても支払が認められる場合、例えば、資金前渡や概算払いが認められる。

[72]　　　　　　　　　　　　　　　　　Commentary

1 × 決算の調製は、会計管理者の担任であり、これを普通地方公共団体の長に提出しなければならない。

2 × 剰余金は、翌年度の歳入に編入するのが原則であり、例外として、その全部又は一部を基金に編入できる。

確認問題

3（ ）決算が議会によって認定されなかった場合でも、決算の内容である支出の効力に影響はない。

[73]・[74] 契約

1（ ）普通地方公共団体の締結する契約は、一般競争入札で行わなければならず、例外は認められない。

2（ ）一般競争入札は、その競争に参加する者を限定しないものであるから、入札の参加資格は、いかなるものであっても設けることはできない。

3（ ）長期に継続する契約を締結する場合でも、会計年度独立の原則があるので、単年度ごとに契約しなければならない。

4（ ）普通地方公共団体が契約の相手方に契約保証金を納付させた場合、契約の相手方が契約を履行しないときは、その契約保証金は、当該普通地方公共団体に帰属する。

[75] 現金及び有価証券その他財務等

1（ ）公金の収納又は支払の事務を取り扱わせるために、都道府県は金融機関を指定しなければならず、市町村は金融機関を指定することができる。

2（ ）歳入歳出に属さない現金を普通地方公共団体が保管する場合、法定の利率による利子を付さなければならない。

3（ ）一時借入金の借入れは、予算の定めるところにより、会計管理者がこれを行う。

[76] 金銭債権と消滅時効

1（ ）普通地方公共団体の債権は公有財産の一種であるから、

解説

3 ○ 記述のとおり。

[73]・[74]

Commentary

1 × 契約の方法の原則は一般競争入札であり、例外として、指名競争入札、随意契約、せり売りが認められる。

2 × 契約の適正な履行の確保のため、能力者であること等の入札参加資格が定められている。

3 × 電気、ガス、水道の供給契約や不動産賃貸契約などの長期継続契約は、複数年度にわたり締結することができる。

4 ○ 記述のとおり。

[75]

Commentary

1 ○ 記述のとおり。

2 × 歳入歳出外現金には、利子を付さない。

3 × 一時借入金の借入れは、普通地方公共団体の長が行う。

[76]

Commentary

1 × 政令の定めるところにより、債務の免除をする

これについて、普通地方公共団体の長は、債務の免除をすることはできない。
2（ ）法令の規定により普通地方公共団体がする納入の通知及び督促は、時効中断の効力を生ずる。
3（ ）分担金、使用料等の金銭の給付を目的とする普通地方公共団体の権利は、特別の定めがあるものを除き、10年間の消滅時効が適用される。

[77]〜[79] 財産

1（ ）普通地方公共団体の財産とは、公有財産、物品及び債権をいい、これらのうち基金に属するものは除かれる。
2（ ）普通地方公共団体の財産は、原則として、条例又は議会の議決による場合でなければ、交換し、出資の目的とし、支払手段として使用し、又は適正な対価なくして譲渡し、若しくは貸し付けてはならない。
3（ ）公有財産は、行政財産と普通財産とに分けられ、行政財産とは、普通地方公共団体において公用に供し、又は供することを決定した財産をいう。
4（ ）行政財産の目的外使用の許可をした場合には、その許可を受けて使用する者と普通地方公共団体との間の法律関係には、借地借家法が適用される。
5（ ）普通財産は、貸し付けることができるが、私的財産と同様の扱いをすることとされるから、貸付期間中に公用とする必要が生じても契約の解除をすることはできない。
6（ ）普通地方公共団体の長は、公有財産の効率的な運用を図るために、委員会や委員、その管理に属する機関で権限を有するものに対し、いわゆる総合調整権を持つ。
7（ ）会計管理者は、物品の出納を担当するほか、使用中の物品を含め保管に関する事務を担当する。

解説

ことも認められている。

2 ○ 記述のとおり。

3 × 原則として5年間で時効となる。

[77]〜[79]   Commentary

1 × 地方自治法上、基金も財産と定義されている。

2 ○ 記述のとおり。

3 × 行政財産とは、公用又は公共用に供し又は供することを決定した財産をいう。

4 × 目的外使用の許可を受けてする行政財産の使用については、借地借家法は適用されない。

5 × 公用・公共用に供するため必要が生じたときは、いつでも契約を解除することができる。ただし、借受人は契約解除で生じた損失の補償を求めることができる。

6 ○ 記述のとおり。

7 × 使用中の物品に係る保管は、会計管理者の担当事務とされていない。

8 (　) 公有財産に関する事務に従事する職員は、その取扱いに係る公有財産を譲り受け、又は自己の所有物と交換することができない。

9 (　) 普通地方公共団体は、定額の資金を運用する場合に限り、条例で定めるところにより、基金を設けることができる。

10 (　) 基金の管理に要する経費は、毎会計年度の歳入歳出予算に計上しなければならないが、基金の運用から生ずる収益については計上しなくてよい。

[80]～[82]　住民監査請求と住民訴訟

1 (　) 住民監査請求は、直接請求の1つである事務監査請求と同様に、選挙権を有する住民でなければすることができない。ただし、1人でも請求することができる。

2 (　) 住民監査請求は、普通地方公共団体の長、委員会又は委員の違法・不当な財務会計上の行為・怠る事実が対象であり、職員のこれらの行為・怠る事実は対象外とされる。

3 (　) 住民監査請求があった場合において、監査委員は、請求に理由がないと認めるときは、監査を行わないことができる。

4 (　) 住民監査請求をした住民が監査結果に不服があるなど一定の場合に行った住民訴訟が係属しているときは、他の住民は別訴で同一の請求をすることができない。

5 (　) 執行機関や職員の違法な行為の差止めは、当該行為を差し止めることによって人の生命・身体に対する重大な危害の発生の防止その他公共の福祉を著しく阻害するおそれがあるときは、することができない。

6 (　) 住民訴訟を提起した者が勝訴した場合において、弁護士に報酬を支払うべきときは、当該普通地方公共団体に対し、その報酬額の全額の支払を請求することができる。

解説

8 ○ 記述のとおり。

9 × 特定の目的のために財産を維持し、資金を積み立てるためにも基金を設けることができる。

10 × 基金の運用収益についても、毎会計年度の歳入歳出予算に計上しなければならない。

[80]〜[82] Commentary

1 × 直接請求の場合は、選挙権を有する者としての資格が必要であるが、住民監査請求は、住民であればすることができる。

2 × 職員の違法・不当な財務会計上の行為・怠る事実も住民監査請求の対象となる。

3 × 請求があった場合、監査委員は監査をしなければならない。

4 ○ 記述のとおり。

5 ○ 記述のとおり。

6 × 支払を請求できるのは、報酬額の全額でなく、報酬額の範囲内で相当と認められる額である。

[83] 職員の賠償責任

1 (　) 物品を使用している職員が、故意又は重大な過失により、その使用に係る物品を亡失し、又は損傷したときは、これによって生じた損害を賠償しなければならない。
2 (　) 資金前渡を受けた職員が、故意・過失の有無にかかわらず、その保管に係る現金を亡失したときは、これによって生じた損害を賠償しなければならない。
3 (　) 普通地方公共団体の長は、会計職員等に法令の規定による損害賠償責任があると認めるときでも、その裁量により、その責任の全部又は一部を免除することができる。

[84]・[85]　公の施設

1 (　) 公の施設は、普通地方公共団体が設置する、住民の福祉を増進する目的をもってその利用に供するための施設である。
2 (　) 公の施設の設置に関する事項は、条例で定め、その管理に関する事項は、規則で定めなければならない。

3 (　) 公の施設を廃止し、又は条例で定める長期かつ独占的な利用をさせる場合には、議会において出席議員の3分の2以上の者の同意を得なければならない。
4 (　) 公の施設の設置の目的を効果的に達成するため必要があると認めるときは、法人又は自然人を指定して、公の施設の管理を行わせることができる。
5 (　) 普通地方公共団体は、いかなる場合であっても、住民が公の施設を利用することを拒んではならない。
6 (　) 公の施設は、その普通地方公共団体の区域外においては、設置することができない。

解説

[83]

Commentary

1 ○ 記述のとおり。

2 × 現金については、故意又は過失がある場合に、損害賠償の責任が生じる。

3 × 損害賠償責任の免除は、その損害が避けることのできないやむを得ない事情によるものであることの証明、監査委員の意見、議会の同意という3つの要件が要求される。

[84]・[85]

Commentary

1 ○ 記述のとおり。

2 × 公の施設の設置及び管理に関する事項は、法律又はこれに基づく政令の定めがあるものを除き、条例で定めなければならない。

3 × 廃止等に特別多数決が必要とされるのは、条例で定める重要な公の施設のうち条例で定める特に重要なものについてである。

4 × 公の施設の指定管理者となり得るのは、法人その他の団体に限られ、自然人は対象とならない。

5 × 住民の利用は、正当な理由があれば、拒否することができる。

6 × 区域外にも設置は可能であり、この場合、関係する普通地方公共団体と協議をする必要がある。

第9章　国・地方公共団体の関係

[86] 国と普通地方公共団体との関係1

【基本】普通地方公共団体に対する国・都道府県の関与にはどのようなものがあるか。

国の行政機関又は都道府県の機関が普通地方公共団体の事務の処理に関してする関与とは、次の行為（ⅰ普通地方公共団体がその固有の資格において当該行為の名宛人となるものに限る。また、ⅱ国又は都道府県の普通地方公共団体に対する支出金の交付及び返還に係る行為を除く。）である（245条）。

① ⅰ助言・勧告、ⅱ資料の提出の要求、ⅲ是正の要求、ⅳ同意、ⅴ許可・認可・承認、ⅵ指示、ⅶ代執行
② 普通地方公共団体との協議
③ ①・②のほか、一定の行政目的を実現するため普通地方公共団体に対して具体的かつ個別的に関わる行為（基本類型外の関与）（審査請求に対する裁決や相反する利害調整のための裁定等を除く。）

【基本】国・都道府県の関与の原則はどのようなものか。

国・都道府県の関与は、次の原則によらなければならない。
① 法定主義の原則（245条の2）　関与は、法律又はこれに基づく政令によらなければならない。
② 必要最小限度の原則（245条の3第1項）　関与は、その目的達成のために必要最小限度のものとするとともに、普通地方公共団体の自主性・自立性に配慮しなければならない。
③ 一般法主義の原則（245条の3第2項）　自治事務の処理について代執行と基本類型外の関与を、法定受託事務について基本類型外の関与を、できる限り設けることのないようにしなければならない。
④ 特定の類型の関与に係る原則（245条の3第3～6項）　協議、同意などの関与の類型ごとに関与の原則を定める。

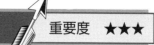 重要度 ★★★

【発展】関与の基本原則を踏まえ、事務の区分に応じ、関与の基本類型はどうなっているか。

1 自治事務に係る関与の基本類型

原則は、ⅰ助言・勧告、ⅱ資料の提出の要求、ⅲ是正の要求、ⅳ協議の4類型である。ただし、協議については、国・都道府県の施策と普通地方公共団体の施策との調整が必要な場合以外は、これを要するということのないようにしなければならない（245条の3第3項）。

他の関与については、ⅰ代執行と基本類型外の関与は、できる限り、受けたり、要することとなったりしないようにしなければならない（245条の3第2項）。ⅱ同意、許可・認可・承認、指示は、例外的な場合に認められる。すなわち、㋐同意については、国・都道府県の施策と普通地方公共団体の施策との整合性を確保しなければ施策の実施に著しく支障が生ずる場合、㋑許可・認可・承認については、それ以外の方法ではその事務の処理の適正を確保することが困難である場合、㋒指示については、国民の生命・身体・財産の保護のため緊急に自治事務の的確な処理を確保する必要がある場合等特に必要と認められる場合である（245条の3第4～6項）。

2 法定受託事務に係る関与の基本類型

原則は、ⅰ助言・勧告、ⅱ資料の提出の要求、ⅲ同意、ⅳ許可・認可・承認、ⅴ指示、ⅵ代執行、ⅶ協議の7類型である。ただし、協議については、国・都道府県の施策と普通地方公共団体の施策との調整が必要な場合以外は、これを要するということのないようにしなければならない（245条の3第3項）。また、基本類型外の関与は、できる限り、受けたり、要することとなったりしないようにしなければならない（245条の3第2項）。

[87]　国と普通地方公共団体との関係 2

【基本】地方自治法に基づく一般的な関与はどのようなものか。

　地方自治法の規定を直接の根拠として行うことができる関与として、ⅰ自治事務については、㋐技術的助言・勧告、㋑資料の提出の要求、㋒是正の要求、㋓是正の勧告が、ⅱ法定受託事務については、㋐技術的助言・勧告、㋑資料の提出の要求、㋒是正の指示、㋓代執行が定められている。

【発展】技術的助言・勧告、資料の提出の要求はどのように行われるか。

　各大臣・都道府県の執行機関は、普通地方公共団体に対し、事務の運営等の事項について適切と認める技術的な助言・勧告をし、又は助言・勧告若しくは情報提供のため資料の提出の要求ができる。また、各大臣は、都道府県の執行機関に対し、市町村への助言・勧告又は資料の提出の要求に関し指示ができる。なお、普通地方公共団体は、その執行機関から、各大臣・都道府県の執行機関に対し、技術的な助言・勧告又は情報提供の要求ができる（245条の4）。

【発展】是正の要求等はどのように行われるか。

1　違法な事務処理等の是正の要求等の要件
　是正の要求、是正の勧告又は是正の指示は、いずれも、ⅰ事務処理が法令の規定に違反しているとき、又はⅱ事務処理が著しく適正を欠き、かつ、明らかに公益を害しているときに行うことができる関与である。

2　是正の要求（245条の5）
　都道府県の自治事務と市町村の自治事務及び第2号法定受託事務が対象となる。なお、都道府県は、自らの判断では是正の要求

をすることができず、各大臣の指示を受けてこれを行う。是正の要求を受けた普通地方公共団体は、違反の是正・改善に必要な措置を講じなければならない。その具体的な措置内容は、普通地方公共団体の裁量による。

3 是正の勧告（245条の6）

市町村の自治事務を対象として、都道府県が行う関与である。勧告を受けた市町村には、尊重義務が生じるにとどまる。

4 是正の指示（245条の7）

都道府県・市町村の法定受託事務が対象である。なお、市町村の第1号法定受託事務については、国は、都道府県による是正の指示に関し必要な指示ができ、また、1の要件に加え緊急を要するときその他特に必要があると認めるときには、直接市町村に是正の指示ができる。市町村の第2号法定受託事務については、都道府県は市町村に是正の指示ができるが、国は行うことができない（各大臣は、市町村の第2号法定受託事務について都道府県の執行機関に是正の要求をするよう指示するか、緊急を要するときその他特に必要があると認めるときに自ら是正の要求ができるにとどまる。）。

是正の指示は、違反の是正・改善のため講ずべき措置に関して必要な指示がなされるものであり、指示を受けた普通地方公共団体は、当該指示の内容に従わなければならない。

5 是正の要求等を行う都道府県の執行機関

都道府県の執行機関が、各大臣の指示による場合も含め、市町村に是正の要求等を行う場合は、市町村教育委員会の事務は都道府県教育委員会から、市町村選挙管理委員会の事務は都道府県選挙管理委員会から、市町村長等の執行機関の事務は知事から、それぞれ行う。

[88] 国と普通地方公共団体との関係 3

【発展】代執行はどのように行われるか。

1 代執行の概要（245条の8）

代執行は、ⅰ普通地方公共団体における法定受託事務の処理が法令に違反しているとき、又はⅱ法定受託事務の処理を怠っているときに、その是正措置をその普通地方公共団体に代わって行うものである。ただし、代執行に至るまでには、ⅰ勧告→ⅱ指示→ⅲ訴訟→ⅳ裁判→ⅴ代執行、という手続を踏まなければならない。

なお、都道府県の処理する法定受託事務については各大臣が、市町村の処理する法定受託事務については都道府県知事が、それぞれこの手続を執ることができる。市町村の第1号法定受託事務については、各大臣は直接この手続を執ることは認められず、都道府県知事に対する指示によって行うことになる。

2 代執行手続に入るための要件

代執行手続に入るためには次の要件が必要である。

① 法定受託事務の管理・執行が法令の規定や各大臣（都道府県知事）の処分に違反している、又は法定受託事務の管理・執行を怠っている。
② 代執行以外の方法でその是正を図ることが困難である。
③ 違反・懈怠の放置により著しく公益を害することが明らかである。

3 代執行に至る手続

代執行に至る手続は次のとおりである。

① 各大臣は、文書により、知事に対して、違反・懈怠を指摘し、期限を定めて違反の是正等を行うよう勧告する。
② 勧告に従わないときは、文書により、期限を定めて是正等を行うべきことを指示する。
③ 指示に従わないときは、高等裁判所に、是正等を命ずる裁判

を訴求する。提訴したことを知事に文書で通告し、裁判所に通告した日時・場所・方法を通知する。
④ 請求に理由があるときは、裁判所は、知事に対して期限を定めて是正等を命ずる裁判をする。
⑤ 知事が裁判結果に従わないときは、各大臣は、知事に代わって是正等を行うことができる。あらかじめ、その日時・場所・方法は通知しなければならない。

なお、この裁判に対して最高裁判所に上告することができるが、上告の期間は1週間で、執行停止の効力はない。上告審で各大臣が敗訴して確定した場合で、すでに高裁判決にしたがった措置を執っていたときは、知事は、確定後3月以内にその処分を取り消し、又は原状回復などの措置を執ることができる。

また、市町村の法定受託事務については、知事が市町村長に対して以上の措置を執ることになる。

【発展】処理基準の設定はどのように行われるか。

各大臣・都道府県の執行機関は、法定受託事務の処理に当たりよるべき基準を次のとおり定めることができる。ただし、その目的を達成するために必要な最小限度のものに限られる。
①各大臣　ⅰ都道府県の法定受託事務について
　　　　　ⅱ特に必要があると認めるときは、市町村の第1号法定受託事務について
②都道府県の執行機関　ⅰ市町村の法定受託事務について
各大臣は、市町村の第1号法定受託事務について、都道府県の執行機関に対してその定める②の基準に関し、必要な指示ができる（245条の9）。

[89] 国と普通地方公共団体との関係4

【発展】関与はどのような方式によるべきか。

　普通地方公共団体に対する国又は都道府県の関与については、手続の公正・透明性の確保等の観点から、その方式に関するルールが定められている。地方自治法に定める関与の方式は、他の法律に特別の定めがある場合を除き、基本類型外の関与にも適用される（246条）。関与の手続は、関与の類型に応じて次のとおりとされている（247条～250条の6）。

① 助言・勧告その他これらに類する行為　普通地方公共団体からの請求により、助言等の趣旨・内容を記載した書面を交付。ただし、助言等のうち、ⅰ普通地方公共団体に対しその場において完了する行為を求めるもの、ⅱ既に書面により普通地方公共団体に通知されている事項と同一の内容であるものには適用がない。なお、助言等に従わなかったことを理由とする不利益な取扱いを禁止

② 資料の提出の要求その他これに類する行為　普通地方公共団体からの請求により、要求の趣旨・内容を記載した書面を交付

③ 是正の要求、指示その他これらに類する行為　原則として同時に、場合によりその後相当の期間内に、要求等の内容・理由を記載した書面を交付

④ 協議　普通地方公共団体から協議の申出があったときは、誠実に協議し相当の期間内に調うよう努力。その請求により、述べた意見の趣旨・内容を記載した書面を交付

⑤ 許可・認可・承認・同意その他これらに類する行為　ⅰ普通地方公共団体から許認可等について申請・協議の申出があった場合における許認可等の判断基準を定め、原則としてこれを公表。許認可等の取消しその他これらに類する行為についても、公表するよう努力。基準はできる限り具体的に設定。また、ⅱ

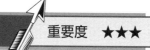

申請・申出から許認可等をするまでに通常要すべき標準的な期間を定め、公表するよう努力。申請・申出があれば遅滞なくその事務を開始。ⅲ許認可等の拒否・取消し等をする場合は、その内容・理由を記載した書面を交付
⑥　届出　法令に定める形式上の要件に適合した届出は、その提出先に到達したときに手続上の義務の履行が完了
⑦　並行権限の行使　国の行政機関が、自治事務と同一の内容の事務を法令によって処理するときは、事前に、その自治事務を行っている普通地方公共団体に、事務処理の内容・理由を記載した書面によって通知。ただし、通知をしないで当該事務を処理すべき差し迫った必要がある場合は、国の行政機関による事務の処理の後相当の期間内に、通知

【発展】地方自治法における特別な総務大臣・知事の関与にはどのようなものがあるか。

地方自治法の目的を実現するため、総務大臣・都道府県知事が一定の場合に普通地方公共団体に対して関与をする権限が同法に規定されており、次のようなものがある。
①　普通地方公共団体の組織及び運営の合理化に資するための助言・勧告・資料提出要求（252条の17の5）
②　財務関係事務に関する実地検査（252条の17の6）
③　市町村の適正な運営を確保するための指定事項調査（252条の17の7）
④　普通地方公共団体の長の職務を代理する者がない場合における臨時代理者の選任（252条の17の8）
⑤　選挙管理委員会が成立しない場合で議会もまた成立していないときにおける臨時選挙管理委員の選任（252条の17の9）

[90] 国・普通地方公共団体の紛争処理 1

【基本】 国と普通地方公共団体間の紛争、普通地方公共団体相互間又は普通地方公共団体の機関相互間の紛争を処理する制度としてはどのようなものがあるか。

地方自治法は、ⅰ国と普通地方公共団体間の紛争処理については、国地方係争処理委員会の制度を、ⅱ普通地方公共団体相互間又は普通地方公共団体の機関相互間の紛争処理については、自治紛争処理委員の制度を定める。

さらに、普通地方公共団体に対する国・都道府県の執行機関の違法な関与については、高等裁判所に訴えを提起し、最終的に裁判所で決着がつけられる。

【基本】 国地方係争処理委員会はどのような組織か。

1　国地方係争処理委員会の設置（250条の7）
国地方係争処理委員会は、総務省に置かれる。

2　国地方係争処理委員会の委員・委員長（250条の8〜250条の10）

委員は、ⅰ5人で、両議院の同意を得て、総務大臣が任命する。ⅱ原則として非常勤である。ⅲ3人以上が同一の政党その他の政治団体に属することとなってはならない。ⅳ任期は3年で、ⅴ㋐破産手続の開始、㋑禁錮以上の刑、㋒政治団体所属関係、㋓心身故障、㋔非行などにより罷免されるが、これら以外では身分が保障される。ⅵ守秘義務、積極的政治活動の禁止、営利事業の経営等の禁止などの義務が課される。

委員長は、委員の互選により定められ、国地方係争処理委員会を代表する。

3　国地方係争処理委員会の会議（250条の11）
委員会は、委員長が招集し、会議を開き、議決をするには委員

重要度 ★★★

長と2人以上の委員の出席を要する。議事は出席者の過半数で決し、可否同数の場合は委員長の決定による。

【発展】国地方係争処理委員会の審査の対象・審査の申出はどのように行われるか。

① 審査対象　普通地方公共団体の長その他の執行機関は、普通地方公共団体に対する国の関与について、次に掲げる場合に、委員会に対し審査の申出ができる（250条の13）。
　ⅰ　国の関与のうち公権力の行使に当たるものに不服があるとき　是正の要求や許可の拒否その他の処分のことであり、代執行手続における一定の指示や代執行行為は除外される。
　ⅱ　国の不作為に不服があるとき　国の行政庁が、普通地方公共団体からの申請等に対して相当の期間内に何らかの国の関与のうち公権力の行使に当たるものを行わない事態である。
　ⅲ　法令に基づく協議において協議が調わないとき　協議の申出をし、その協議に係る義務を果たしたと認めるにもかかわらず、協議が調わないという事態である。
② 審査の申出　審査の申出は、普通地方公共団体の長その他の執行機関から、国の当該行政庁を相手方として、文書で行う。その関与のあった日から30日以内にしなければならない（250条の13第4項）。申出をする際には、事前に、国の当該行政庁に対してその旨を通知しなければならない（同条第7項）。

申出の取下げは、審査結果の通知、勧告、調停の成立といった最終結論が出るまではいつでもできるが、これも文書で行わなければならない（250条の17）。

[91] 国・普通地方公共団体の紛争処理2

【発展】国地方係争処理委員会の審査はどのように行われるか。

1 国地方係争処理委員会の審査（250条の14）

委員会は、申出の内容に応じて次の点について審査を行う。

① 国の関与のうち公権力の行使に当たるもの

ⅰ 自治事務
- 国の関与が違法かどうか
- 普通地方公共団体の自主性・自立性を尊重する観点から不当かどうか

ⅱ 法定受託事務・国の関与が違法かどうか

② 国の不作為　　　　審査の申出に理由があるかどうか

③ 法令に基づく協議　その協議に係る普通地方公共団体がその義務を果たしているかどうか

2 審査の手続（250条の15・250条の16）

委員会は、必要があると認めるときは、当事者の意見を聴いて、当事者の申立て又は職権で、関係行政機関を審査に参加させることができる。また、当事者や参加行政機関の申立て又は職権で、証拠調べをすることができる。その手段として、ⅰ参考人の陳述・鑑定、ⅱ書類等の物件の提出・留置、ⅲ必要な場所の検証、ⅳ当事者又はその職員の審尋がある。当事者には、証拠の提出と陳述の機会を与えなければならない。

【発展】委員会の審査の結果、どのような措置が執られるか。

1 国地方係争処理委員会の措置（250条の14）

委員会は、審査の結果、申出の内容に応じて、次のとおり通知、公表、勧告などの措置を執らなければならない。

① 国の関与のうち公権力の行使に当たるもの

ⅰ 自治事務

㋐ 国の関与が違法・不当でない場合→通知・公表

　㋑　国の関与が違法・不当な場合→勧告・通知・公表
　ⅱ　法定受託事務
　　㋐　国の関与が違法でない場合→通知・公表
　　㋑　国の関与が違法である場合→勧告・通知・公表
②　国の不作為
　ⅰ　理由がない場合→通知・公表
　ⅱ　理由がある場合→勧告・通知・公表
③　法令に基づく協議　(結果)→通知・公表

　この場合、「通知・公表」は、理由を付してその旨(協議についてはその結果)を当事者に通知し、かつ公表することであり、「勧告・通知・公表」は、国の行政庁に対し、理由を付し、かつ、期間を示して必要な措置を構ずべきことを勧告するとともに、普通地方公共団体の執行機関に対してこの旨を通知し、かつ、公表することである。

　なお、このような委員会の措置は、審査の申出があった日から90日以内に行わなければならない(250条の14第5項)。

2　委員会による勧告後の措置(250条の18)

　勧告を受けた行政庁は、その期間内に必要な措置を講じて、その旨を委員会に通知する。通知を受けた委員会は、普通地方公共団体の執行機関に対してこの旨を通知し、かつ、公表する。

【発展】委員会による調停は、どのように行われるか。

　委員会は、審査の申出があった場合において、相当と認めるときは、調停案を作成し、当事者に示してその受諾を勧告することもできる。これは職権で行う。勧告したときは、理由を付してその要旨を公表する。調停は、両当事者から委員会へ受諾した旨の文書が提出されたときに成立する。成立した場合には、その旨とその要旨を公表し、両当事者に通知する(250条の19)。

[92] 国・普通地方公共団体の紛争処理3

【基本】自治紛争処理委員はどのような機関か。

1　自治紛争処理委員（251条）

自治紛争処理委員は、ⅰ3人で、ⅱ事件ごとに、優れた識見を有する者のうちから、総務大臣・都道府県知事により任命される。ⅲ非常勤で、ⅳ2人以上が同時に同一の政党その他の団体に所属する者になってはならない。ⅴ㋐破産手続の開始、㋑禁錮以上の刑、㋒政治団体所属関係、㋓心身故障、㋔非行、㋕事件との直接の利害関係等により罷免される場合を除き、身分が保障されるが、事件が係属しなくなった場合は、失職する。ⅵ守秘義務、積極的政治活動の禁止等の義務が課される。

2　自治紛争処理委員の任務（251条）

自治紛争処理委員は、公正な第三者として次に掲げることを任務とする。原則として決定等は合議によって決する。

① 普通地方公共団体相互の間・普通地方公共団体の機関相互の間の紛争の調停
② 市町村に対する都道府県の執行機関の関与に関する審査及び勧告等
③ 連携協約に係る紛争を処理するための方策の提示
④ 普通地方公共団体の長・委員会の委員等の身分に関する選挙管理委員会の決定に対する審査請求又は地方自治法による審査の申立て・審決の申請に係る審理

【発展】自治紛争処理委員による紛争処理はどのように行われるか。

1　調停（251条の2）

普通地方公共団体相互の間又は普通地方公共団体の機関相互の間の紛争を調停に付するのは、都道府県・都道府県の機関が当事者である場合には総務大臣、その他の場合は都道府県知事である。

当事者の申請又は職権による。自治紛争処理委員は、調停案を作成して、当事者にその受諾を勧告する。理由を付けて調停案の要旨を公表できる。調停案を当事者が受諾して、その旨を記載した文書を総務大臣又は都道府県知事に提出したときに、調停が成立する。反対に、調停の見込みがないときは、これを打ち切り、事件の要点と調停の経過を公表できる。

2　審査・勧告（251条の3）

市町村に対する都道府県の関与に関する不服を審査に付するのは、総務大臣である。これは当該市町村の執行機関からの文書による申出に基づいて行う。審査と通知・公表・勧告の手続は、ほぼ国地方係争処理委員会による審査の場合と同様である。ただし、自治紛争処理委員は、審査の結果や勧告の内容、調停の経過等について総務大臣に報告しなければならない。また、調停案の受諾文書は総務大臣に直接提出し、自治紛争処理委員には総務大臣からこの旨を通知する。

3　処理方策の提示（251条の3の2）

総務大臣又は都道府県知事は、当事者たる普通地方公共団体から連携協約に係る紛争の処理方策の提示を求める申請を受け、これを自治紛争処理委員に定めさせる。自治紛争処理委員は、当事者に処理方策を提示し、総務大臣又は都道府県知事への通知と公表を行う。当事者は、処理方策を尊重して必要な措置を執る。

4　審理（255条の5）

普通地方公共団体の長・委員会の委員等の身分に関する選挙管理委員会の決定に対する審査請求又は地方自治法による審査の申立・審決の申請に係る審理があったときに、総務大臣・都道府県知事は、自治紛争処理委員の審理を経てから、裁決・裁定・審決をする。なお、自治紛争処理委員が審理を行う不服申立てでは、行政不服審査法の審理員による審査は行われない。

[93] 国・普通地方公共団体の紛争処理 4

【発展】紛争についてさらに訴訟を提起できるか。

1 国の関与に関する訴え（251条の5）

国の関与については、国地方係争処理委員会の審査の申出をした普通地方公共団体の執行機関は、高等裁判所に対して、申出の相手方の国の行政庁を被告として、訴えを提起できる。訴えは、違法な国の関与の取消し・国の不作為の違法の確認を求め、次に掲げる場合に、それぞれの期間内にしなければならない。

① 委員会の審査結果・勧告に不服があるとき→審査結果・勧告内容の通知の日から30日以内

② 委員会の勧告を受けた国の行政庁の措置に不服があるとき→措置を講じた旨の委員会の通知の日から30日以内

③ 審査の申出をした日から90日を経過しても委員会が審査・勧告を行わないとき→当該審査の申出をした日から90日を経過した日から30日以内

④ 委員会の勧告を受けた国の行政庁が措置を講じないとき→当該勧告に示された期間を経過した日から30日以内

国の関与を取り消す判決が下された場合、その判決は、関係行政機関に対しても効力を有する。

2 都道府県の関与に関する訴え（251条の6）

都道府県の関与については、自治紛争処理委員の審査の申出をした市町村の執行機関は、高等裁判所に対して、申出の相手方の都道府県の行政庁を被告として、訴えを提起できる。都道府県の違法な関与の取消し・不作為の違法の確認を求めて訴えを提起できる場合と期間、手続、効力等は1とほぼ同じである。

3 普通地方公共団体の不作為に関する国の訴え（251条の7）

1と反対に、是正の要求・指示を行った各大臣は、普通地方公共団体の行政庁を被告として、高等裁判所に対し、不作為の違法

確認の訴えができる。訴えの提起は、次に掲げる場合に、それぞれの期間経過後にしなければならない。
① 普通地方公共団体の長等の執行機関が、国地方係争処理委員会に対し、是正の要求・指示に関する審査の申出をせず、かつ、是正の要求・指示に係る措置も講じないとき→是正の要求・指示の日から30日経過後
② 長等の執行機関が、国地方係争処理委員会に対し、是正の要求・指示に関する審査の申出をした場合で、次のとき。
  ⅰ 委員会が審査の結果・勧告の内容の通知をしたが、長等の執行機関が1の取消しの訴えを提起せず、かつ、是正の要求・指示に係る措置も講じないとき→委員会から通知があった日又は当該勧告に示された期間を経過した日から30日経過後
  ⅱ 委員会が審査の申出をした日から90日を経過しても審査・勧告を行わないのに、長等の執行機関が1の取消しの訴えを提起せず、かつ、是正の要求・指示に係る措置も講じないとき→当該申出をした日から90日経過した日から30日経過後

4　市町村の不作為に関する都道府県の訴え（252条）

市町村の不作為に関する都道府県の高等裁判所への訴えの提起は、ⅰ各大臣が都道府県の執行機関に対し市町村の事務（第1号法定受託事務を除く。）の処理について是正の要求をするよう指示をした場合とⅱ市町村の法定受託事務の処理について都道府県の執行機関が是正の指示を行った場合がある。いずれも、市町村の不作為の違法確認を求めるものである。

[94] 普通地方公共団体相互の関係1

【基本】都道府県の事務を市町村が処理できるか。

1 条例による事務処理の特例（252条の17の2）

住民に身近な行政は、一般論として、都道府県に比べて住民に近い市町村に委ねることが望ましいといえる。しかし、現実の市町村の規模や能力には大きな差があることから、その実情に応じて、事務の再配分を可能とする制度が用意されている。

都道府県知事の権限に属する事務の一部について、都道府県の条例の定めるところにより、市町村が処理するものとすることができる。いわば権限・事務の委譲である。この条例の制定に当たっては、事前に、市町村長と協議しなければならないが、その同意は必要ではない。また、市町村長からこの条例の制定を要請できる。この要請は、議会の議決を経て行う。要請があった場合、知事は速やかに市町村長と協議しなければならない。

なお、都道府県教育委員会の権限に属する事務についても、同様の制度がある（地教行法55条）。

2 1の特例の効果（252条の17の3・252条の17の4）

1の特例事務の範囲においては、都道府県についての法令等の規定は、その事務を処理する市町村に直接適用されることとなる。また、国の関与に関しては、原則として、都道府県知事を通じて、又は経由して行うこととなり、自治事務についての是正の要求は都道府県知事が自らの判断で市町村に対して行うことができ、また、法定受託事務についての代執行は各大臣が直接行うことになる。

【基本】普通地方公共団体がその事務を共同で処理する方法にはどのようなものがあるか。

普通地方公共団体が、その事務を他の普通地方公共団体と共同して処理する方法としては、次のようなものがある。

① 連携協約　事務処理の連携の基本方針と役割分担を定める協約の締結
② 普通地方公共団体の協議会　ⅰ事務の一部の共同管理・執行、ⅱ事務の管理・執行の連絡調整、ⅲ広域にわたる総合的な計画の共同作成
③ 機関等の共同設置　ⅰ議会事務局、ⅱ委員会・委員、ⅲ附属機関、ⅳ行政機関、ⅴ長の内部組織、ⅵ委員会事務局、ⅶ補助職員、ⅷ専門委員の共同設置
④ 事務の委託　事務の一部の委託
⑤ 事務の代替執行　他団体の事務を管理執行
⑥ 職員の派遣　他団体の求めに応じ職員を派遣

【発展】連携協約とはどのようなものか。

① 連携協約の意義　普通地方公共団体と他の普通地方公共団体との間で締結される協約で、その普通地方公共団体と他の普通地方公共団体が連携して事務を処理するに当たっての基本的な方針と役割分担を定めるもの（252条の2）
② 締結手続　ⅰ普通地方公共団体間で協議により締結し、この協議には議会の議決を経る。ⅱ締結した旨と連携協約を告示するとともに、総務大臣又は都道府県知事に届け出る。
③ 効果　ⅰその普通地方公共団体が分担すべき役割を果たすため必要な措置を執るようにしなければならない。ⅱ連携協約に係る紛争があるときは自治紛争処理委員による当該紛争を処理するための方策の提示を求めることができる（[92] 参照）。
④ 勧告　公益上必要がある場合、総務大臣又は都道府県知事が連携協約の締結を勧告できる。

[95] 普通地方公共団体相互の関係 2

【発展】普通地方公共団体の協議会とはどのようなものか。

① 設置目的　ⅰ普通地方公共団体の事務の一部を共同して管理・執行する、ⅱ普通地方公共団体の事務の管理・執行について連絡調整を図る、ⅲ広域にわたる総合的な計画を共同して作成する、ために設置できる（252条の2の2第1項）。

② 設置手続　ⅰ関係普通地方公共団体の協議により規約を定めて設置する。ⅱ協議会を設置した旨と規約を告示し、総務大臣又は都道府県知事に届け出る。ⅲ協議については、関係普通地方公共団体の議会の議決を経る。ただし、①ⅱの協議会では不要である（252条の2の2第2・3項）。

③ 組織　会長及び委員をもって組織し、関係普通地方公共団体の職員の中から選任する。会長及び委員は、規約の定めるところにより、常勤又は非常勤とされる（252条の3）。

④ 規約の規定事項　ⅰ㋐名称、㋑組織する普通地方公共団体、㋒協議会の担当する事務又は作成計画の項目、㋓組織、㋔経費の支弁方法、ⅱ事務の共同処理を行う場合は、㋐その事務の管理執行の方法、㋑その場所、㋒従事職員の身分取扱い、㋓財産や公の施設の管理等の方法等（252条の4）

⑤ 効力　ⅰ協議会が普通地方公共団体やその機関の名においてした事務の管理執行は、関係普通地方公共団体の機関が管理執行したものとしての効力を有する（252条の5）。ⅱ協議会が広域総合計画を作成したときは、関係普通地方公共団体は、その計画に基づきその事務を処理するようにしなければならない（252条の2の2第5項）。

⑥ 組織の変更・廃止　協議会を設ける普通地方公共団体の数の増減、規約の変更又は協議会の廃止の手続は、協議会の設置の手続の例による。ただし、議会の議決を経て、脱退日の2年前

重要度 ★★☆

までに他の全ての関係普通地方公共団体に書面で予告して、協議会から脱退できる（252条の6、252条の6の2）。
⑦ 勧告　公益上必要がある場合、総務大臣又は都道府県知事は、協議会の設置を勧告できる（252条の2の2第4項）。

【発展】機関等の共同設置とはどのようなものか。

① 共同設置する機関等　ⅰ議会事務局（内部組織を含む。）、ⅱ委員会・委員（公安委員会を除く。）、ⅲ附属機関、ⅳ個別出先機関、ⅴ普通地方公共団体の長の内部組織、ⅵ委員会・委員事務局（内部組織を含む。）、ⅶ議会・執行機関の補助職員、ⅷ専門委員（252条の7）
② 設置手続　協議会の場合と同様である。
③ 規約の規定事項　ⅰ共同設置する機関の名称、ⅱ関係普通地方公共団体、ⅲ機関の執務場所、ⅳ機関の構成員の選任方法と身分取扱い等（252条の8）
④ 委員等の選任方法　ⅰ規約で定める普通地方公共団体が選任する方法又はⅱ関係団体の協議で定めた者について規約で定める普通地方公共団体が選任する方法（252条の9）。
⑤ 委員等の身分取扱い　規約で定める普通地方公共団体の職員とみなす（252条の9）。
⑥ 解職請求　解職請求のできる委員等については、関係普通地方公共団体の選挙権を有する者が、その属する普通地方公共団体の長に対して解職請求をし、過半数の関係普通地方公共団体の議会において解職に同意した場合に、解職が成立する（252条の10）。
⑦ 法令の適用　関係普通地方公共団体の機関とみなして法令、条例等を適用する（252条の12）。
⑧ 組織の変更・廃止、勧告　協議会の場合と同様である。

[96] 普通地方公共団体相互の関係 3

【発展】事務の委託とはどのようなものか。

① 事務の委託　普通地方公共団体は、協議によって規約を定め、普通地方公共団体の事務の一部を、他の普通地方公共団体に委託することができる（252条の14）。委託された普通地方公共団体の執行機関がその事務を管理・執行する。委託をした普通地方公共団体は、委託の範囲においてその権限がなくなるということになる。

② 委託手続　協議会の場合と同様である（[95] 参照）。

③ 規約の規定事項　ⅰ委託する普通地方公共団体と受託する普通地方公共団体、ⅱ委託事務の範囲と管理執行方法、ⅲ経費の支弁方法等（252条の15）

④ 法令の適用　原則として、委託事務に関する法令は、受託した普通地方公共団体やその執行機関に適用があるものとする（252条の16）。

【発展】事務の代替執行とはどのようなものか。

① 事務の代替執行　普通地方公共団体は、他の普通地方公共団体の求めに応じて、協議により規約を定め、当該他の普通地方公共団体の事務の一部を、当該他の普通地方公共団体又は当該他の普通地方公共団体の長若しくは同種の委員会・委員の名において管理執行することができる（252条の16の2）。事務の代替執行の制度は、民法の代理にほぼ相当する効果が認められる。

② 手続　協議会の場合と同様である（[95] 参照）。

③ 規約の規定事項　ⅰ事務の代替執行をする普通地方公共団体とその相手方の普通地方公共団体、ⅱ代替執行事務の範囲と管理執行方法、ⅲ経費の支弁方法等（252条の16の3）

④ 効力　普通地方公共団体が他の普通地方公共団体又は他の普

通地方公共団体の長若しくは同種の委員会・委員の名において管理執行した事務の管理執行は、当該他の普通地方公共団体又は他の普通地方公共団体の長若しくは同種の委員会・委員が管理執行したものとしての効力を有する（252条の16の4）。

【基本】職員の派遣とはどのようなものか。

1　職員の派遣（252条の17）

執行機関は、事務の処理のため特別の必要があると認めるときは、他の普通地方公共団体の執行機関に対してその職員の派遣を求めることができる。普通地方公共団体の委員会・委員が、ⅰ職員の派遣を求めるとき、ⅱ求めに応じて職員を派遣するとき等は、事前に普通地方公共団体の長と協議しなければならない。

2　派遣された職員の身分等（252条の17第2・4項）

派遣された職員は、派遣先の普通地方公共団体の職員の身分を併せ持つこととなり、ⅰ給料、ⅱ手当（退職手当及び退職年金・退職一時金を除く。）、ⅲ旅費は派遣先の普通地方公共団体の負担となる。退職手当については派遣した普通地方公共団体が負担するのが原則であるが、長期間の派遣等の特別の事情があるときは、派遣先と派遣元の普通地方公共団体の長又は委員会・委員の協議により、派遣の趣旨に照らして必要な範囲内において、退職手当の全部又は一部について、派遣先の普通地方公共団体の負担とすることができる。

そのほかの身分取扱いに関しては、原則として派遣した普通地方公共団体の職員に関する法令の規定が適用される。

[86]～[89] 国と普通地方公共団体との関係

1 ( ) 自治事務についての国・都道府県の関与の基本類型は、資料の提出の要求、是正の要求、協議の3類型とされる。
2 ( ) 自治事務については、いかなる場合においても、関与の基本類型のうち、同意、許可・認可・承認、指示はすることができない。
3 ( ) 法定受託事務についての国・都道府県の関与の基本類型は、助言又は勧告、資料の提出の要求、同意、許可・認可・承認、指示、代執行、協議の7類型とされる。
4 ( ) 普通地方公共団体が、国・都道府県の関与を受け、又は要することとされるには、法律又はこれに基づく政令によらなければならない。
5 ( ) 国は、普通地方公共団体が、国・都道府県の関与を受け、又は要することとする場合には、その目的達成に必要最小限度のものとするか、あるいは普通地方公共団体の自主性・自立性に配慮したものにしなければならない。
6 ( ) 各大臣の都道府県の自治事務の処理に関する是正の要求は、その事務処理が法令の規定に違反しているときに限り、行われる。
7 ( ) 市町村の第1号法定受託事務については、各大臣は、直接代執行の措置を行うことはできない。
8 ( ) 国の行政機関は、普通地方公共団体に対し許認可の取消しをする場合において、求めがあったときは、その内容・理由を記載した書面を交付しなければならない。
9 ( ) 国の行政機関が、自治事務と同一の事務を法令によって自ら処理するときは、いかなる場合でも事前に普通地方公共団体に通知しなければならない。

解説

[86]〜[89]

Commentary

1 ×　3類型のほか、助言又は勧告が認められる。ただし、協議については一定の条件がある。
2 ×　これらの基本類型についても、完全に排除されるわけではなく、一定の限られた場合には可能である。
3 ○　記述のとおり。ただし、協議については一定の条件がある。
4 ○　記述のとおり。

5 ×　関与の必要最小限度の原則は、関与は、その目的達成のために必要最小限度のものとするとともに、普通地方公共団体の自主性・自立性に配慮しなければならないとするものである。
6 ×　是正の要求は、事務処理が著しく適正を欠き、かつ、明らかに公益を害していると認めるときにも可能である。
7 ○　記述のとおり。
8 ×　普通地方公共団体からの求めの有無を問わず、取消しの内容・理由を記載した書面の交付が義務付けられる。
9 ×　通知をしないで事務を処理すべき差し迫った必要がある場合は、事後の通知が認められている。

[90]〜[93] 国・普通地方公共団体の紛争処理

1 ( ) 国地方係争処理委員会は、普通地方公共団体に対する国・都道府県の関与に関する紛争を処理する国の機関である。

2 ( ) 国地方係争処理委員会は、両議院の同意を得て内閣総理大臣が任命する5人の委員で構成するが、その委員は、紛争当事者から審査の申出があった事件ごとに任命する。

3 ( ) 国地方係争処理委員会の審査の申出の対象となるのは、関与のうち、処分その他の公権力の行使に当たるもの、不作為、協議の3つである。

4 ( ) 自治事務に関する国の関与のうち処分その他の公権力の行使に当たるものについて審査の申出があった場合には、国地方係争処理委員会は、当該関与が違法かどうかの観点からのみ審査を行う。

5 ( ) 自治紛争処理委員の任務は、普通地方公共団体相互の間又は普通地方公共団体の機関相互の間における紛争の調停及び普通地方公共団体に対する都道府県の関与に関する審査のみである。

6 ( ) 紛争を処理するために、国地方係争処理委員会は勧告をする権限を持つが、自治紛争処理委員は、調停案を提示するに止まり、勧告することはできない。

[94]〜[96] 普通地方公共団体相互の関係

1 ( ) 普通地方公共団体は、その事務の一部を共同して管理し及び執行するために、協議により規約を定めて、普通地方公共団体の協議会を設けることができる。

2 ( ) 普通地方公共団体の協議会は、法定受託事務の一部を共同して処理するためには設けることができない。

解説

[90]〜[93]

Commentary

1 × 委員会は、普通地方公共団体に対する国の関与に関する紛争を処理するための機関であり、都道府県の関与については自治紛争処理委員が当たる。

2 × 委員会は常設の機関で、委員の任期は3年である。事件ごとに任命されるのは自治紛争処理委員である。

3 ○ 記述のとおり。

4 × 普通地方公共団体の自主性及び自立性を尊重する観点から不当かどうかについても審査を行う。

5 × 記述のもののほか、連携協約に係る紛争を処理するための方策の提示及び地方自治法に基づく審査請求等に係る審理を行う。

6 × 委員会も自治紛争処理委員も、国・都道府県の関与に関しては同じように勧告権限を付与されている。

[94]〜[96]

Commentary

1 ○ 記述のとおり。

2 × 共同して処理する事務は、法定受託事務か、自治事務かを問わない。

3 （　） 普通地方公共団体の協議会では、広域にわたる総合的な計画を共同して作成することはできない。

4 （　） 普通地方公共団体は、協議により規約を定め、共同して、執行機関である普通地方公共団体の長を置くことができる。

5 （　） ある普通地方公共団体の事務の一部を他の普通地方公共団体に委託して、その長にその管理及び執行をさせることができるが、この委託は、市町村が都道府県に対して行う場合に限られる。

6 （　） 他の普通地方公共団体の事務の一部について、事務の代替執行を行う普通地方公共団体は、当該他の普通地方公共団体の名においてその事務の管理及び執行をする。

解説

3 × 協議会は、広域にわたる総合的な計画を共同して作成するため設けることができる。

4 × 長は、機関等の共同設置の対象とされていない。長は、普通地方公共団体を統括・代表する者であるためである。

5 × 事務の一部の委託は、普通地方公共団体の種別とは関係なくできる。

6 ○ 記述のとおり。

第10章 地方公共団体の特例と特別地方公共団体

[97] 地方公共団体の特例1

【基本】指定都市とは何か。

　指定都市（指定市）あるいは政令指定都市とは、ⅰ人口50万以上の市で、ⅱ政令で指定するものをいう（252条の19第1項）。政令では、人口70万以上の市が指定されているが、ⅰ人口その他の都市としての規模、ⅱ行財政能力等において既存の指定都市と同等の実態を有するとみられる都市が指定されている。現在、大阪、名古屋、京都、横浜、神戸、北九州、札幌、川崎、福岡、広島、仙台、千葉、さいたま、静岡、堺、新潟、浜松、岡山、相模原、熊本の20の市である。指定都市は、一定の範囲で都道府県並みの扱いを受ける。都道府県の方からすれば、その限りで、その属する都道府県の監督から独立していると見ることができる。個別の法令においても指定都市を特別に扱う規定を置く例が多い。

【基本】指定都市の特例とは何か、どのように扱われるか。

1　事務配分の特例（252条の19第1項）

　指定都市は、都道府県が処理するものとされている事務のうち、政令で定めるところにより、ⅰ児童福祉、ⅱ民生委員、ⅲ障害者の福祉、ⅳ生活保護、ⅴ社会福祉事業、ⅵ母子家庭・父子家庭及び寡婦の福祉、ⅶ老人福祉、ⅷ母子保健、ⅸ介護保険、ⅹ障害者・生活困窮者の自立支援、ⅺ食品衛生、ⅻ医療、xiii土地区画整理事業、xiv屋外広告物規制等の事務の全部又は一部を処理し、管理執行することができる。

　このほかに、個別法で、教育（県費負担教職員の任免、給与の決定）、国土交通（都市計画の策定、国道・県道の管理）、環境（廃棄物処理施設設置許可）等の事務について、指定都市が処理を行う特例が定められている。

2　都道府県による関与の特例（252条の19第 2 項）

　指定都市やその執行機関がその事務を処理し、管理執行するに当たっては、一般の市であれば都道府県による関与を受ける場合であっても、一定の範囲において関与を受けることを要しないこととされる。つまり、ⅰ都道府県の執行機関の許可などの処分を要するもの、ⅱ都道府県の執行機関の指示その他の命令を受けるとされているもののうち、政令で定めるものについては、㋐許可等の処分を要しない、㋑指示その他の命令に関する法令の規定を適用しない、㋒これらに代えて各大臣の処分や命令を受ける、といった特例である。また、各個別法やその政令に関与の特例が定められているものがある。

3　行政組織の特例（252条の20）

　指定都市は、条例で、その区域を分けて区を設ける。これは市長の権限に属する事務を分掌させるための区であり、一般に行政区と呼ぶ。区には、区の事務所を置き、必要があればその出張所を置く。事務所の長（＝区長）・出張所の長には、市長の補助機関である職員を充てる。区には選挙管理委員会を置く。このように区は、ほぼ市と同様の扱いを受け、区会計管理者、区出納員その他の区会計職員といった組織を置くことになる（施行令174条の43～174条の49）。個別法においても、区を市と同様に扱う例が多い。

4　地域自治区の特例（252条の20第 7 ～11項）

　条例で定めるところにより、行政区ごとに区地域協議会を置くことができる。この場合、区域内に地域自治区（［58］参照）が設けられる区には、区地域協議会を設けないことができる。区地域協議会を設ける指定都市は、その一部の区の区域にだけ地域自治区を設けることもできる。また、地域自治区を設ける場合には、区の区域を分けてその区域を定めなければならない。

[98] 地方公共団体の特例2

【発展】指定都市の総合区とは何か。

1 指定都市の総合区（252条の20の2）

指定都市には、行政区としての区（[97] 参照）に代えて、総合区を置くことができる。総合区は、行政の円滑な運営を確保するために必要があると認めるときに、条例で設けられる。総合区には、事務所を置き、必要があるときはその出張所を置く。

2 総合区長

総合区の事務所の長たる総合区長は、市長が議会の同意を得て選任する特別職の職員で、その任期は4年とされる。総合区長は、ⅰ総合区の政策・企画の立案、ⅱ総合区のまちづくり等の事務、ⅲ市長の権限に属する事務のうち条例で定めるものを執行する。総合区長は、総合区の職員（一部を除く。）の任命権を有し、総合区の予算についても市長に意見を具申できる。

総合区長は、任期中においても市長によって解職され得るほか、解職請求の対象にもなる（[13] 参照）。

【発展】指定都市とそれを包括する都道府県の事務処理は、どのように調整するか。

1 指定都市都道府県調整会議の設置（252条の21の2）

指定都市と都道府県の事務の処理について必要な協議を行うため、指定都市都道府県調整会議が設けられる。調整会議は、指定都市の長及び都道府県の知事に加え、ⅰ他の執行機関の代表者、ⅱ補助機関である職員、ⅲ議会が選挙により選出した議員、ⅳ学識経験者を構成員にできる。

2 指定都市と都道府県の間の協議（252条の21の2第6項）・総務大臣の勧告（252条の21の3）

指定都市又は都道府県は、事務が競合しないようにする等のため、協議を求められれば、応じなければならない。協議を調える

ために必要と認めるときは、議会の議決を経た上で、文書で、総務大臣の勧告を求める申出ができる。勧告の求めを受けた総務大臣は、事件ごとに、有識者から3人の指定都市都道府県勧告調整委員を任命し、その意見を聴き、必要な勧告を行う。

【発展】中核市とは何か。

1　中核市（252条の22）

　政令指定都市に準じて、一定の規模の市についてその規模能力に応じた権限を委譲される市をいう。中核市は、人口20万以上の政令で指定する市である。

2　中核市の指定（252条の24）

　中核市の指定は、関係する市からの申出に基づいて、総務大臣が指定政令の立案をする。これに基づき内閣が決定することになる。この申出には、あらかじめ、市の議会の議決を経て、都道府県の同意を受けなければならない。都道府県の同意には、その議会の議決を要する。なお、中核市が指定都市の指定を受けたときは、中核市の指定の効力は失われる（252条の26）。

【発展】中核市はどのように扱われるか。

　中核市は、指定都市の処理する事務のうちで、都道府県が一体的に処理した方が効率的である事務等を除外したものを処理する。具体的には、ⅰ民生委員、ⅱ身体障害者の福祉、ⅲ生活保護、ⅳ社会福祉事業、ⅴ介護保険、ⅵ食品衛生、ⅶ土地区画整理事業、ⅷ屋外広告物規制等の分野において、その事務の一部を処理することができる。また、都道府県による関与等についても、一定の範囲において関与等を受けず、又は各大臣の関与を受けることとされる。

[99] 特別区1

【基本】特別区とは何か。

1 特別区

特別区は、特別地方公共団体（[3]参照）の1つに分類される。特別区は、都の区であり、原則として市に関する規定が適用され、実質的には市とほぼ同じである。特別区は、制度的には大都市制度の一環として、社会的経済的な一体性が強い大都市において、特別区の区域全体における行政の一体的・総合的な処理ができるようにするための制度である。

2 特別区の事務（281条）

特別区は、ⅰ地域における事務、ⅱ法律又はこれに基づく政令により市が処理することとされる事務、ⅲ法律又はこれに基づく政令により特別区が処理することとされる事務を処理する。

3 都と特別区の役割分担（281条の2）

都は、特別区を包括する広域の地方公共団体として、ⅰ都道府県が処理する事務、ⅱ特別区の連絡調整事務、ⅲ市町村が処理する事務のうち人口が高度に集中する大都市の行政の一体性・統一性の確保の観点から都が一体的に処理することが必要と認められる事務を行う。

特別区は、基礎的な地方公共団体として、特別区の存する区域を通じて都が一体的に処理するものとされているものを除き、一般的に、市町村が処理するものとされている事務を行う。

また、都及び特別区は、その事務を処理するに当たっては、相互に競合しないようにしなければならない。

【基本】一般市町村の事務のうち都が処理し、特別区が処理しない事務にはどのようなものがあるか。

特別区は、市町村の事務のうち、都が一体的に処理することが

必要であると認められる事務について、その処理をしないこととなる。当該事務としては、ⅰ都市計画の決定に関する事務の一部、ⅱ上下水道の設置・管理に関する事務、ⅲ感染症の予防・まん延防止に関する事務の一部、ⅳ消防に関する事務がある。

【基本】特別区の組織はどのようになっているか。

　特別区の主な組織は、市と同様である。議会と区長が置かれ、議員も区長も住民の直接選挙で選任される。執行機関としては、委員会・委員も置かれる。

【発展】特別区に係る廃置分合・境界変更はどのように行われるか。

　特別区に係る廃置分合について、ⅰ特別区の区域を含む新たな市町村の設置及びⅱ特別区の既存の市町村への編入は認められていない。特別区が大都市における行政の一体的・総合的な処理のために設けられた特別地方公共団体である点に照らし、特別区の存する区域を、行政上の処分によって縮小させることを許容しないという趣旨である。

　こうした観点から、特別区に係る廃置分合・境界変更の手続について、市町村の場合とは別に特例が規定されているが、基本的には市町村のそれと大きな差はない（281条の3・281条の4）。

[100] 特別区 2

【発展】都と特別区・特別区間の調整はどう行われるか。

① 都知事の助言勧告権　都知事は、特別区に対して、都と特別区・特別区相互の間の調整上、必要な助言又は勧告をすることができる。特別区の事務処理の基準を示すことなどを内容とする（281条の6）。

② 特別区財政調整交付金　都と特別区・特別区相互間の財源の均衡化を図り、特別区の行政の自主的・計画的な運営を確保するために、都は、条例で特別区財政調整交付金を交付する。これは、都が課するものとされる固定資産税・特別土地保有税・法人住民税の収入額の条例で定める一定割合を財源とする（282条）。

③ 都区協議会　都と特別区の事務処理で、相互の連絡調整を図るために設けられる。特別区財政調整交付金の条例を制定する場合には、都知事はあらかじめ都区協議会の意見を聴かなければならない（282条の2）。

【発展】特別区を新たに設けることができるか。

東京都以外の大都市地域においても特別区の設置を可能とする法律（大都市地域特別区設置法）が制定されており、この法律に基づき道府県において特別区を設置することができるようになっている。

① 特別区設置の対象　ⅰ人口200万人以上の指定都市又はⅱ指定都市とこれに隣接する同一道府県内の市町村でその総人口が200万以上のものである。

② 特別区設置の手続　ⅰ関係市町村とこれを包括する道府県は、地方自治法に基づく協議会（[95] 参照）として、特別区設置協議会を設置し、特別区設置協定書を作成する。協議会の会長

及び委員は、関係市町村・道府県の議会の議員・首長その他の職員又は学識経験者の中から選任する。ⅱ協定書は、関係市町村・道府県の各議会で承認されると、その旨が選挙管理委員会・総務大臣に通知され、公表される。ⅲこの通知を受けた関係市町村の選挙管理委員会は、特別区の設置について関係市町村の選挙人の投票に付し、それぞれの市町村で有効投票の総数の過半数の賛成があったときは、関係市町村・道府県が共同して特別区設置の申請を総務大臣に対して行う。ⅳ総務大臣がこれに基づいて決定したときは、その旨を告示する。特別区の設置の効力は告示により生ずる。

③　特別区設置の効果　関係市町村は廃止され、その区域に特別区が設置される。この特別区は地方自治法上の特別区として扱われ、特別区を包括する道府県は、法令の適用上、都とみなされる。ただし、当該道府県の名称が都に変更されるわけではない。そのほか、事務分担や税源配分、財政調整等について必要な法制上の措置を講ずることが要請される。

　なお、関係市町村と道府県が作成する特別区設置協定書には、特別区と道府県との事務の分担、税源の配分及び財政の調整に関する事項で法制上の措置が必要なものについても定めることができるとされている等のため、大都市地域特別区設置法に基づく特別区と、都とみなされる道府県の関係は、地方自治法の特別区と都の関係とは異なるものとなる可能性がある。

[101] 地方公共団体の組合 1

【基本】地方公共団体の組合とは何か。

1 地方公共団体の組合の種類・性格

地方公共団体の組合は、特別地方公共団体とされ、一部事務組合と広域連合の2種類がある。

組合は、ⅰ普通地方公共団体及び特別区が構成団体となって設置する、ⅱ一定の事務を共同処理する等の目的で設置する、ⅲ独立した法人格を有する、ⅳ地方公共団体の要素である区域・権能・構成員を持つものである、という性格を持つ。ⅳについて、㋐その区域は組合の構成団体の区域を包含する区域であり、㋑権能は規約で定める事務の共同処理等であり、㋒構成員は直接には構成団体であるが、間接的には構成団体の住民である。

2 地方公共団体の組合の設置手続の概要等

地方公共団体の組合の設置は、ⅰ協議によって規約を定める、ⅱ協議等には議会の議決を経る、ⅲ総務大臣（都道府県の加入するもの）・知事（それ以外）の許可を受ける、ことが原則である。組合の設置により構成団体の執行機関の権限がなくなった場合、その執行機関は、組合の成立と同時に消滅する（284条2・3項）。

地方公共団体の組合は、原則として普通地方公共団体と同様に扱う。都道府県加入の組合には都道府県に関する法令の規定を、市・特別区加入の組合で都道府県の加入のないものには市に関する規定を、その他のものには町村に関する規定を準用する（292条）。

【基本】一部事務組合とはどのようなものか。

① 事務・設置手続　一部事務組合は、普通地方公共団体及び特別区が、その事務の一部を共同処理するために設ける。手続は、協議によって規約を定め、都道府県加入のものは総務大臣の、その他は都道府県知事の許可を受ける（284条1項）。規約に係

る協議には、その議会の議決を経なければならない（290条）。構成団体の数の増減、事務や規約の変更も、同様に、協議により定め許可を受ける（286条）。ただし、一部事務組合のⅰ名称、ⅱ事務所の位置、ⅲ経費の支弁方法の変更は、協議で定めた後、届出で足りる。また、議会の議決を経て、脱退日の2年前までに他の全ての構成団体に書面で予告して、一部事務組合から脱退できる（286条の2）。

② 規約・組織　規約には、ⅰ名称、ⅱ構成団体、ⅲ共同処理する事務、ⅳ事務所の位置、ⅴ組合の議会の構成と議員の選挙方法、ⅵ組合の執行機関の組織と選任方法、ⅶ経費の支弁方法を定める。執行機関として管理者を置く。議員も管理者も、その選任方法は住民の直接選挙であることを要しない。組合の議員、管理者その他の職員は、構成する団体の議員、長、その他の職員とそれぞれ兼ねることができる（287条）。

③ 複合的一部事務組合　市町村及び特別区の事務に関し相互に関連するものを共同処理するための一部事務組合については特例があり、構成団体の全てに共通する事務だけでなく、構成団体の一部に共通する事務も処理することができる（285条）。この場合、ⅰ関係する議会の議決事件の議決方法につき特別の規定を規約で設ける、ⅱ執行機関として管理者に代わる理事会を置く等の特例がある（287条の3）。

④ 特例一部事務組合　一部事務組合（③等を除く。）は、規約で定めて、その一部事務組合の議会を構成団体の議会で組織できる（287条の2）。一部事務組合の議会に付議する議案は、特例一部事務組合の管理者が構成団体の長を通じて全ての構成団体の議会に提出し、全ての議会の一致する議決により議決する。また、特例一部事務組合の監査は、規約で定める構成団体の監査委員が行うこととすることができる。

[102] 地方公共団体の組合 2

【基本】広域連合とはどのようなものか。

① 設置手続・事務　広域連合も、ⅰ普通地方公共団体及び特別区で組織する、ⅱ規約を定めて許可を得て設置する、この 2 点では一部事務組合と同様である。

　広域連合が一部事務組合とその性格が異なる点は、ⅰ対象事務が広域にわたり処理することが適当であると認めるものであること、ⅱその事務に関して広域にわたる総合的な計画である広域計画を作成すること、ⅲその広域計画の実施のために必要な連絡調整を図り、その事務の一部を広域にわたって総合的・計画的に処理すること、である（284 条 3 項）。なお、広域計画は、広域連合の議会の議決を経て作成し、これに基づいて、広域連合も構成団体も事務を処理するようにしなければならない（291 条の 7 ）。

② 特色　ⅰ都道府県の事務と市町村の事務との複合的な処理ができるなど創意工夫が反映できる弾力性のある制度設計であること、ⅱ広域連合の「住民」の存在を前提として㋐議会の議員や長の選挙、㋑直接請求の制度を設けたこと、ⅲ広域連合が独立的に機能を発揮し得るよう㋐規約の変更の要請、㋑改善策等の勧告の制度を設けたこと、ⅳ国は法律又はこれに基づく政令に基づき、都道府県は条例に基づき、それぞれの権限に属する事務を広域連合（都道府県は、その加入しない広域連合）が処理することとすることができること（291 条の 2 第 1 ・2 項）、つまり、構成する団体が処理する権限のない事務の配分を受けられること、が広域連合の特色である。

③ 規約　規約は、ほぼ一部事務組合と同様であるが、異なる点は、ⅰ広域連合の区域とⅱ広域計画の項目とを定めることである（291 条の 4 ）。広域連合の区域は、広域計画の効力の及ぶ範

囲を明らかにするとともに、広域連合の議員や長の選挙人や直接請求できる者の範囲を明らかにする。規約の変更も関係地方公共団体の協議を経て許可を得る必要があるが、広域連合の長は、その議会の議決を経て、構成する各団体に対して、規約を変更するよう要請ができる（291条の3第7・8項）。他方、広域連合の選挙人は、その総数の3分の1（その総数が40万を超え80万以下の場合には40万の3分の1と40万を超える部分の6分の1を合算した数、80万を超える場合には40万の3分の1と40万の6分の1と80万を超える部分の8分の1を合算した数）以上の者の連署で、広域連合の長に対して規約の変更を要請するよう請求することができる（291条の6第2〜4項）。

④　組織・運営　ⅰ広域連合の議会の議員は、広域連合全体の選挙人の直接選挙か、各団体の議会による選挙（間接選挙）かにより、広域連合の長も、同じように直接選挙か、各団体の長による間接選挙かによる（291条の5）。なお、広域連合の長に代えて理事で組織する理事会を設置できる（291条の13・287条の3第2項）。ⅱ住民による直接請求、つまり、広域連合の条例の制定改廃、事務監査請求、議会の解散請求、議員や長等の解職請求は、普通地方公共団体の場合と同様の制度が認められる（291条の6第1項）。ⅲ広域計画に定める事項を一体的かつ円滑に推進するため、広域連合の条例で、協議会を設置できる。この協議会は、㋐広域連合の長、㋑国の地方行政機関の長、㋒都道府県知事、㋓区域内の公共的団体等の代表者、㋔学識経験者で構成する（291条の8）。ⅳ事務に必要な経費のための分賦金は人口・面積・財政力などの客観的な指標に基づかなければならない。各団体はそのために必要な予算上の措置をしなければならない（291条の9）。

[103] 財産区

【基本】財産区とは何で、どのような権能を持つか。

1 財産区（294条）

財産区は、ⅰ市町村及び特別区の一部で財産を有しているもの、又は公の施設を設けているもの、ⅱ市町村及び特別区の廃置分合・境界変更の場合の財産処分の協議により、市町村及び特別区の一部が財産を持つものとなり、又は公の施設を設けるものとなるもの、という2種類があり、これに独立してその財産又は公の施設の管理・処分・廃止を行う権能を付与するものである。

2 財産区の権能

財産区は、その財産又は公の施設の管理・処分・廃止を独立して行う権能を有する。これらについては、地方公共団体の財産又は公の施設の管理・処分・廃止に関する規定が適用される。これに特に要する経費は、財産区が負担する。また、財産区をその区域に含む地方公共団体は、財産区の収入及び支出については会計を分別しなければならない（294条2・3項）。

【発展】財産区はその組織を持つか。

財産区は、原則として固有の議会や執行機関は持たない。その市町村・特別区の議会が必要な議決をし、その執行機関が管理・処分を行う。

この特例として、①財産区の議会又は総会と②財産区管理会とがある。市町村・特別区と財産区の利害が一致せず、財産区固有の意思決定機関が必要となる等の事情に対応する。財産区の議会・総会を設けた場合、財産区管理会は設けることができない（296条の2第4項）。

① 財産区の議会・総会　都道府県知事が、その市町村・特別区の議会の議決により市町村・特別区の条例を制定させて、設置

する。財産区の議会・総会は、財産区に関する市町村・特別区の議会の議決事項を議決できる（295条）。ⅰ財産区の議会の議員の定数・任期等、ⅱ総会の組織に関しては、その条例で定める。議員の選挙には公職選挙法の規定を適用し、議会・総会には町村の議会に関する規定を準用する（296条）。

② 財産区管理会　市町村・特別区の条例で設置する。また、廃置分合などの場合は財産処分の協議でも置くことができる。管理会は、管理委員7人以内で構成し、委員は非常勤、任期4年である（296条の2）。市町村長・特別区長は、一定の重要な財産の管理・処分・廃止については財産区管理会の同意を得なければならない。また、市町村長・特別区長は、財産管理の事務の一部を、管理会の同意を得て管理会や管理委員に委任することもできる。なお、財産区管理会は、その財産区の事務の処理について監査する権限も持つ（296条の3）。

【発展】財産区はどのように運用するか。

財産区の運営の原則は、財産区の住民の福祉を増進するとともに、その市町村・特別区の一体性を損なわないように努めることである。また、財産区の収入支出は分別が原則であるが、財産区の収入の全部又は一部を、その協議により市町村・特別区の経費に充当できる。この場合には、その金額の限度において、財産区の住民に不均一の課税や使用料等の不均一の徴収をすることができる（296条の5）。

都道府県知事には財産区の監督権があり、知事は、ⅰ財産区の事務処理について報告・資料提出を求め、監査することができ、ⅱ財産区の事務に関し紛争があるときは、当事者の申請に基づき又は職権により、これを裁定できる（296条の6）。

[104] 合併特例区

【基本】合併特例区とは何か。

① **合併特例区の意義と区域** 市町村合併において、旧市町村の独立性を維持しつつ、新市町村の一体性の円滑な確立を図ることを目的とするものであり、独立の法人格を持つ特別地方公共団体である。一定の期間、旧市町村の区域において、旧市町村が処理していた事務を引き続き処理することが認められる。区域は、合併した1又は2以上の旧市町村の区域を単位とするが、合併市町村の一部を区域とすることもできる（合併特例法による限時的な特例措置。同法26条～）。

② **合併特例区の事務** 合併特例区は、ⅰ旧市町村が処理していた事務で合併後の一定期間旧市町村単位で処理することが効果的であるもの、ⅱ地域住民の生活の利便性の向上等のために合併後の一定期間旧市町村単位で処理することが特に必要と認められる事務のうち、規約で定めるものを処理する（合併特例法30条）。

【基本】合併特例区はどのように設けるか。

合併関係市町村は、協議によって規約を定め、知事の認可（複数の都道府県にわたる場合は総務大臣の認可）を受けて、合併特例区を設置できる。合併特例区は、市町村合併の日に成立し、設置期間は5年を超えない範囲内で規約で定める。設置期間が満了したときは、合併特例区は消滅し、その権利義務関係は合併市町村に承継される（合併特例法28・31・52条）。

【基本】合併特例区の組織と運営はどのようにされるか。

① **合併特例区の長** 市町村長の被選挙権を有する者のうちから、合併市町村の長が選任する。任期は2年以内で規約で定める期

間であり、特別職である。地方公共団体の常勤の職員・短時間勤務職員との兼職は禁止されるが、合併市町村の副市町村長や合併特例区の区域を所管する支所・出張所の長などとの兼職は認められる（合併特例法33条）。

　合併特例区の長は、ⅰ合併後の市町村の職員のうちから、合併市町村の長の同意を得て、合併特例区の職員を任命し（合併特例法40条）、これを指揮監督する。また、ⅱ合併特例区規則を制定できる（合併特例法34条）。

② 合併特例区協議会　合併特例区に置かれ、その構成員は、合併特例区の区域内に住所を有し、合併市町村の議会の議員の被選挙権を有する者のうちから、規約で定める方法によって合併市町村の長が選任する。構成員には報酬を支給しないことができる。合併特例区協議会は、合併特例区の長の事務処理事項のうち予算や決算の認定など重要なものについて同意権を持つ。また、合併市町村の長などに意見を述べることもできる（合併特例法36〜39条）。

③ 合併特例区の運営　その事項により、合併特例区協議会の同意又は合併市町村の長の承認を要する。例えば、合併特例区の予算はその両方を必要とする。決算は合併市町村の監査委員の審査を経て合併特例区協議会の認定に付される。また、不動産の信託、合併市町村の条例で定める一定の財産の取得・処分には、合併市町村の議会の議決に基づく長の承認を必要とする（合併特例法42条等）。

④ 住居表示　合併特例の地域自治区と同様、合併特例区の名称を冠する。合併特例区の設置期間満了後にその区域による地域自治区が置かれたときは、引き続きその住居表示をすることができる（合併特例法55条）。

[97]・[98]　地方公共団体の特例

1（　）　大都市等に関する特例には、指定都市、中核市の2つがあり、人口などの要件を満たす市について、指定都市は政令で、中核市は内閣府令で、それぞれ指定する。

2（　）　指定のための人口要件は、指定都市が100万以上、中核市が50万以上である。

3（　）　指定都市と中核市のいずれも、条例で、その区域を分けて区を置き、区の事務所や区長などの組織を設けることができる。

4（　）　中核市が指定都市の指定を受けたときは、中核市の指定の効力は失われる。

5（　）　指定都市には、行政区としての区に代えて、条例で、総合区を置くことができ、その長である総合区長は、任期4年で、総合区の住民により直接選挙される。

6（　）　中核市となる指定を受ける申出をする場合、その申出をする市の議会の議決を経る必要があるが、その市を包括する都道府県の議会の議決は必要とされない。

[99]・[100]　特別区

1（　）　特別地方公共団体には、普通地方公共団体の区域の一部が特定の事務を行う権能を付与されたものと、複数の地方公共団体が一定の事務を共同して処理するために設けるものとがあり、都の特別区は前者に該当する。

2（　）　都の特別区は、都の区であって、特別地方公共団体として扱われるが、指定都市の区と同様に、

解説

[97]・[98]

Commentary

1 ×　指定都市も、中核市もいずれも政令で指定される。

2 ×　人口要件は、指定都市が50万以上、中核市が20万以上である。

3 ×　行政区を設けることができるのは指定都市に限られ、中核市にはこのような特例措置は設けられていない。

4 ○　記述のとおり。

5 ×　総合区長は、指定都市の市長が議会の同意を得て選任する。

6 ×　中核市の指定の申出には、都道府県の同意が必要であり、この同意には、都道府県の議会の議決を経なければならない。

[99]・[100]

Commentary

1 ○　記述のとおり。

2 ×　指定都市の区は単に市長の権限に属する事務を分掌させるための行政区である。特別区は、ほ

都知事の権限に属する事務を分掌させるための行政区である。

3（　）都は、特別区に対して、条例で、区が分掌して処理する事務の経費に充てるため、特別区財政調整交付金を交付する。

4（　）都知事は、特別区の事務処理について、都と特別区又は特別区相互の間の調整を図るため、一般的に特別区に対して指示する権限を有する。特別区は、都知事の定める事務処理基準に基づき事務を処理しなければならない。

5（　）都及び特別区の事務の処理について、都と特別区及び特別区相互の間の連絡調整を図るため、都区協議会を設ける。

[101]・[102]　地方公共団体の組合

1（　）地方公共団体の組合は、一部事務組合と全部事務組合及び広域連合の3種類がある。

2（　）地方公共団体の組合を設置するには、関係地方公共団体の協議によって規約を定めることのほかに、総務大臣又は都道府県知事の許可を受ける必要はない。

3（　）一部事務組合は、市町村及び特別区が設置する場合には、その構成する一部の地方公共団体に共通する事務も処理することができる。

4（　）広域連合は、広域計画を作成し、これに基づいて広域にわたって総合的、計画的に事務を処理することを目的とするが、国又は都道府県から事務や権限の委譲を受けることはできない。

解説

ぼ市と同様に、特別区として処理すべき事務を持つ地方公共団体である。

3 × 特別区財政調整交付金は、都と特別区の間又は特別区相互の間の財源の均衡化を図り、特別区の行政の自主的・計画的な運営を確保するために、交付するものである。

4 × 都知事は、事務処理の基準を示すなど、相互の調整上必要な助言・監督権を有するに止まる。

5 ○ 記述のとおり。

[101]・[102] Commentary

1 × 全部事務組合は、平成23年の地方自治法改正により廃止され、地方公共団体の組合は、現在2種類である。

2 × 組合の設置には、都道府県の加入するものは総務大臣の許可を、その他のものは都道府県知事の許可を受ける必要がある。

3 ○ 記述のとおり。

4 × 国は法律又はこれに基づく政令に基づき、都道府県は条例に基づき、広域連合への権限委譲が可能である。

 確認問題

5 ( ) 広域連合の設置により広域連合内の地方公共団体につきその執行機関の権限に属する事項がなくなった場合であっても、その執行機関は存続する。
6 ( ) 広域連合の議会の議員及び広域連合の長は、各団体の議会又は各団体の長による間接選挙により選出し、広域連合の選挙人により直接選挙することは認められない。

[103] 財産区

1 ( ) 財産区は、市町村・特別区の一部が財産を有してその管理を行うが、公の施設の管理をすることはできない。
2 ( ) 財産区の収入支出は、当該市町村・特別区の会計と分別されなければならない。
3 ( ) 財産区に議会又は総会を設けたときは、条例で、財産区管理会を設けることができる。

[104] 合併特例区

1 ( ) 合併特例区は、合併市町村の内部に設けられるものであり、法人格は認められない。
2 ( ) 合併特例区の成立の日及び設置期間は、それぞれ合併関係市町村の協議による規約で定める。
3 ( ) 合併特例区には、合併特例区協議会が置かれ、この協議会は、合併特例区の予算の作成などの重要事項について同意権を有する。

解説

5 × 一部事務組合の場合と同じく、広域連合の成立と同時に、その執行機関は消滅する。

6 × 広域連合の議会の議員・長について、広域連合の選挙人による直接選挙をすることも認められる。

[103]   Commentary

1 × 財産区は、公の施設の管理をすることもできる。

2 ○ 記述のとおり。

3 × 財産区の議会又は総会を設けたときは、財産区管理会を設けることができない。

[104]   Commentary

1 × 合併特例区は、特別地方公共団体であり、法人格を有する。
2 × 合併特例区は、市町村合併の日に成立し、設置期間は5年を超えない範囲内で規約で定める。
3 ○ 記述のとおり。

著者紹介

加 藤 敏 博

1961年生まれ
1987年東京大学法学部卒業
現在参議院法制局部長

著　書　「明解　選挙法・政治資金法の手引」（新日本法規）
　　　　「改正宗教法人法の解説」（新日本法規）
　　　　「昇任試験精選問題集　地方自治法」（公職研）
　　　　「昇任試験精選問題集　地方公務員法」（公職研）等
　　　　　　　　　　　　　　　　（以上、共同執筆）

他

齋 藤 陽 夫

1972年生まれ
1999年東京大学大学院法学政治学研究科修士課程修了
現在参議院法制局課長

著　書　「明解　選挙法・政治資金法の手引」（新日本法規）
　　　　「昇任試験精選問題集　地方自治法」（公職研）
　　　　「昇任試験精選問題集　地方公務員法」（公職研）
　　　　　　　　　　　　　　　　（以上、共同執筆）

ステップアップ地方自治法の解説　　　　　　　　Ⓒ　2016年

2016年（平成28年）8月2日　初版第1刷発行

定価はカバーに表示してあります

著　者　　加　藤　敏　博
　　　　　齋　藤　陽　夫
発行者　　大　田　昭　一
発行所　　公　　職　　研

〒101-0051
東京都千代田区神田神保町2丁目20番地
TEL03-3230-3701（代表）
03-3230-3703（編集）
FAX03-3230-1170
振替東京　6-154568
http://www.koshokuken.co.jp/

ISBN978-4-87526-366-1 C3031

落丁・乱丁は取り替え致します。　PRINTED IN JAPAN

印刷　日本ハイコム㈱
ISO14001取得工場で印刷しました

「コンパクト昇任試験基礎4法択一問題集」
◎本体価格 2,000円

地方公務員として必要な基本知識を1冊にまとめた「地方自治の教科書」。
自己啓発のテキストとして、昇任試験の参考書としても好評。

「必ず合格できる昇任面接対策法」　◎本体価格 1,500円

面接で絶対合格を目指す人は必読。面接官を唸らせる面接シートの書き方と職場事例問答が充実した実績No1の対策書です。

「事例で考える行政判断・課長編」　◎本体価格 1,800円
「事例で学べる行政判断・係長編」　◎本体価格 1,800円

職場で起こる様々なトラブルをどう解決するか。5肢択一形式で楽しみながら学べる、昇任試験「行政判断」の唯一の対策書です。

「重点ポイント昇任試験時事問題 年度版」
◎本体価格 1,950円

昇任試験の時事問題対策の唯一の対策書。毎年8月頃刊行の年度版。今年の重要テーマを100問で総整理し、分かり易い解説も益々充実。

「地方自治法よく出る問題123問」　◎本体価格 1,950円
「地方公務員法よく出る問題108問」　◎本体価格 1,800円

首都圏、西日本で一番売れている択一問題集。分野毎の頻出重要問題を完全網羅。効率良く問題練習をするならこの2冊で。

「昇任試験地方自治法精選問題集」　◎本体価格 2,200円
「昇任試験地方公務員法精選問題集」　◎本体価格 1,700円

大規模難関自治体の昇任試験、択一対策の最新刊。体系的に確実な知識と応用力を身に付けることができる問題集です。

※本体価格に別途消費税がかかります。価格は改訂等により変更になることがあります。

「合格する昇任論文実践講座」　昇任論文研究会編◉本体価格 1,800円

試験実施団体の論文試験を徹底分析。合格論文を作成するためのポイントと最新情報を満載した"必ず合格論文が書けるようになる"対策書。

「昇任論文合格答案集」　　　　　　　　　◉本体価格 2,000円

昇任試験の論文問題最重要テーマ20本を厳選。答案例40本で合格論文完成までのプロセスを確実に身につけることができる。

「合格論文の書き方・基礎編」　大島稔彦著◉本体価格 1,900円

これから、地方自治体の昇任昇格試験の論文対策を始めようという方のための基本書です。論文試験対策のＡＢＣを学べるロングセラー。

「合格論文の書き方・実践編」　大島稔彦著◉本体価格 2,400円

重要20テーマで実践的に学ぶ。答案例を評価と問題点、文章、内容と構成、論理と認識、改定例の５段階で検証。書く力が必ず付きます。

「実践論文添削指導」　　　　　　伊藤章雄著◉本体価格 2,100円

現役公務員が書いた論文を批評添削する形式で、構成・記述・姿勢の力が確実にパワーアップ。

「ケーススタディ係長の職場マネジメント」　◉本体価格 2,100円

職場での様々なケースに係長としてどう対応するか。係長の仕事を徹底分析、豊富な事例で具体的な解決策を提案します。

公職研